Uova di Pasqua per i bambini

Coniglietto di Pasqua Libro da colorare

Young Scholar

Young Scholar
An imprint of Ciparum LLC

Uova di Pasqua per i bambini
coniglietto di Pasqua Libro da colorare
© 2017 Ciparum LLC
All rights reserved.
ISBN-10:1-63589-263-5
ISBN-13:978-1-63589-263-5

www.youngscholar.co

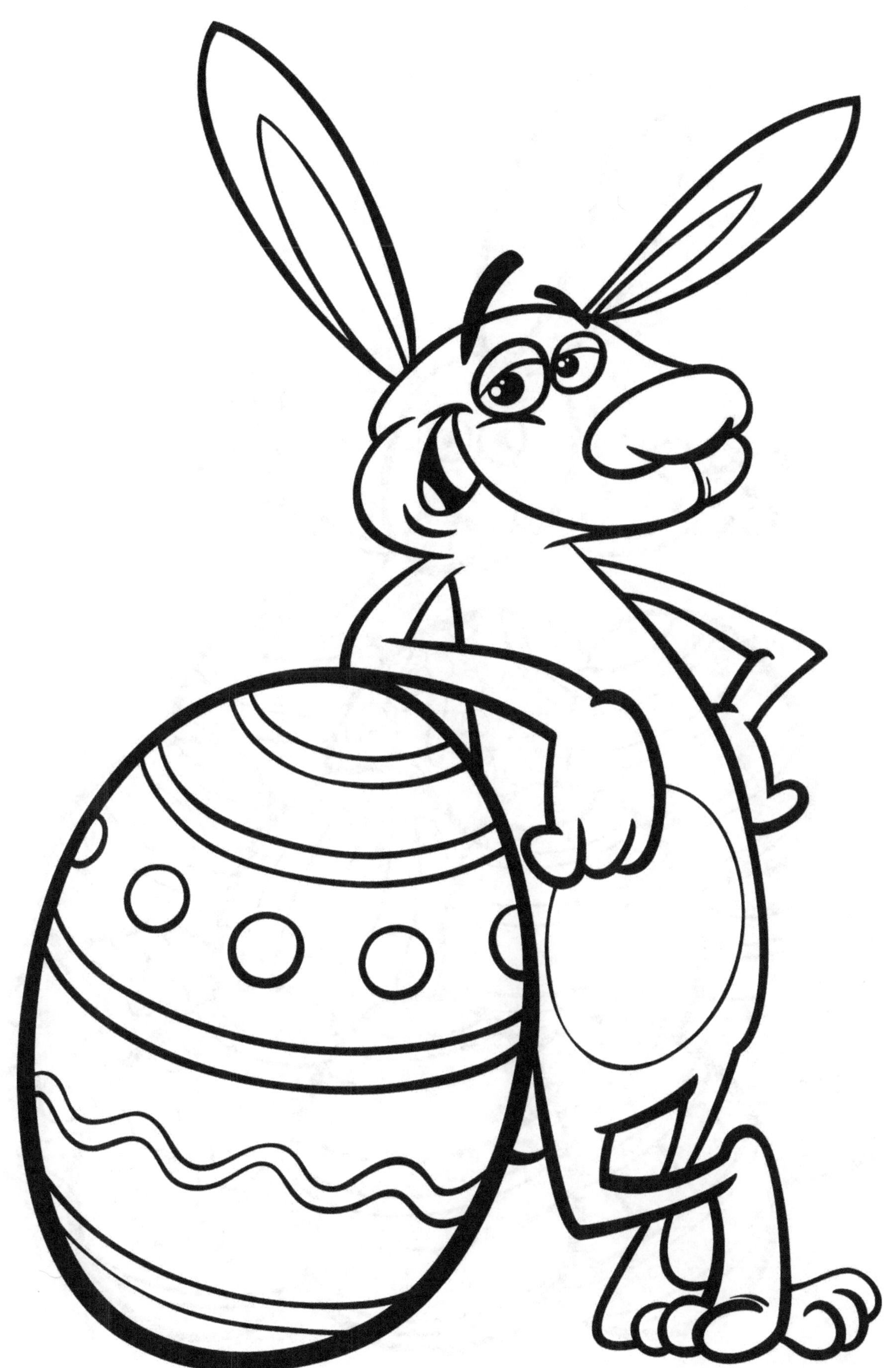

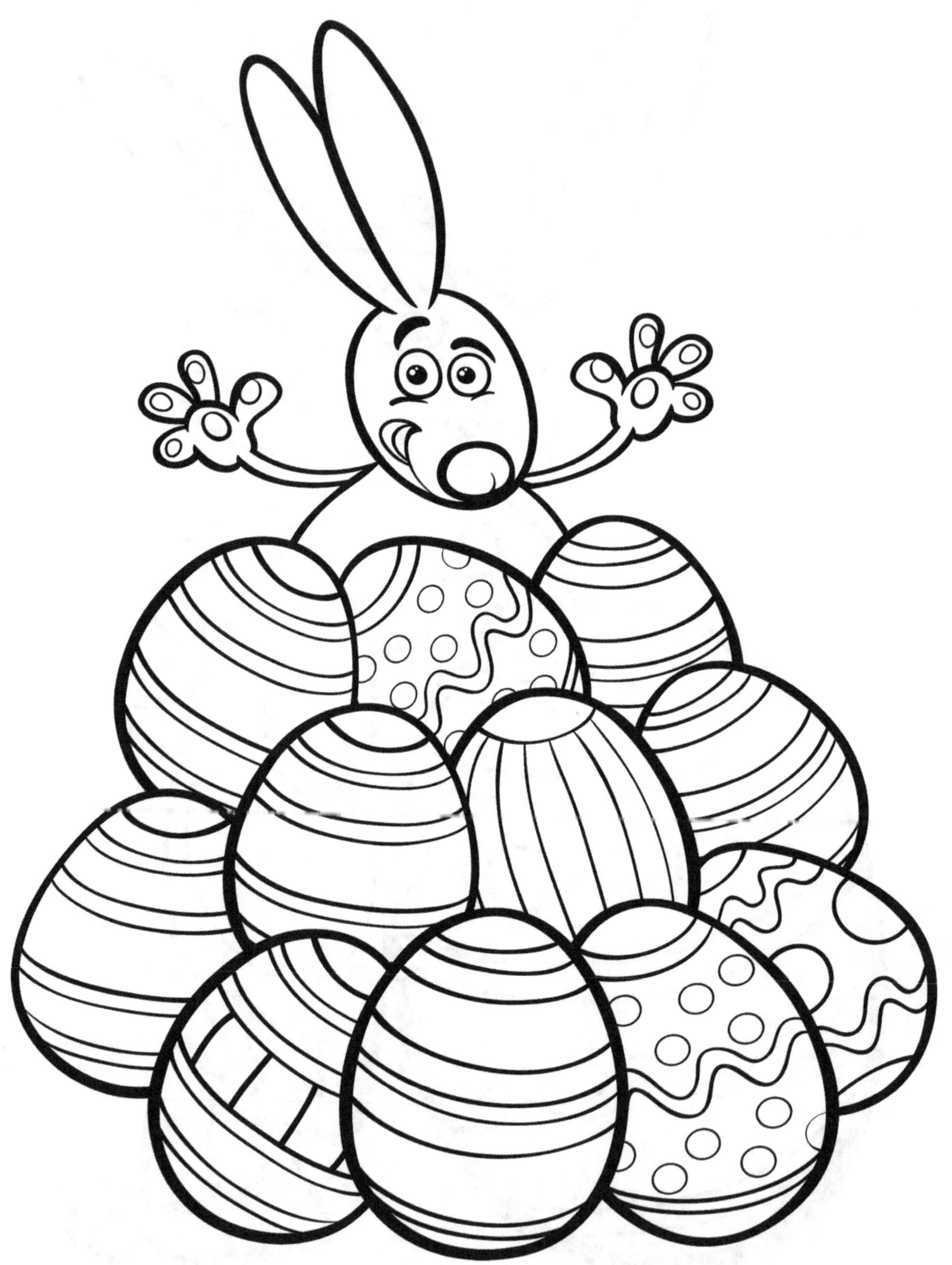

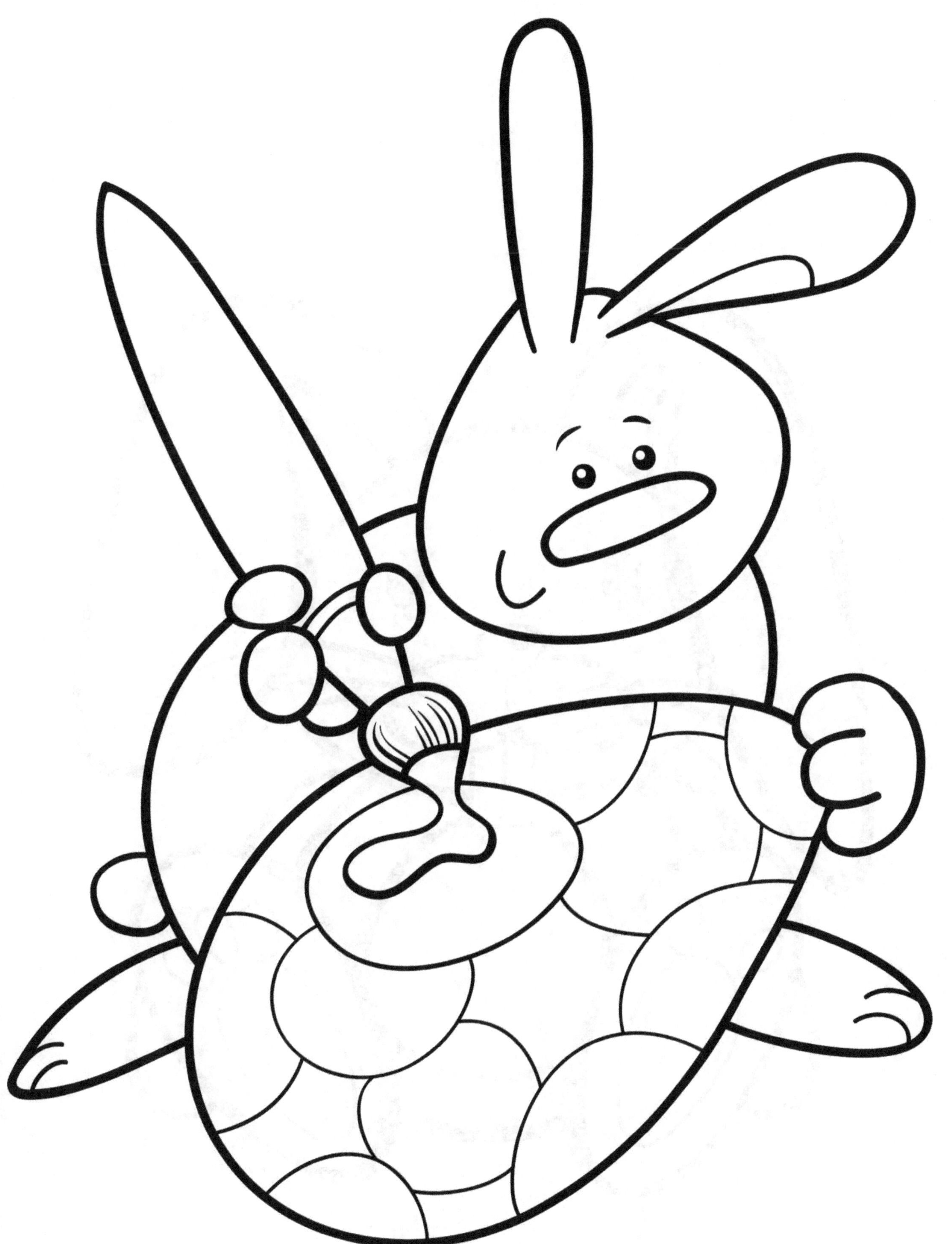

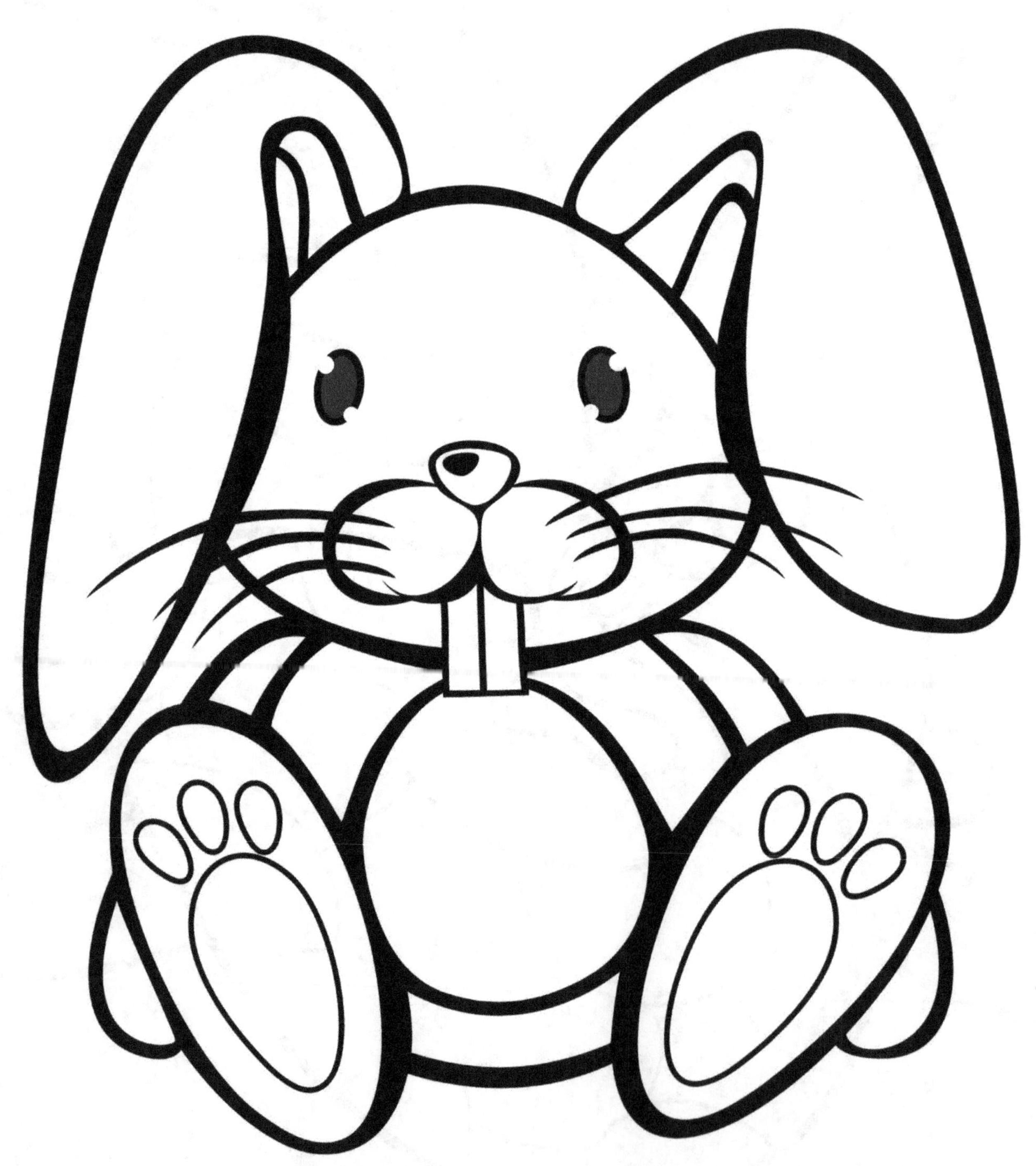

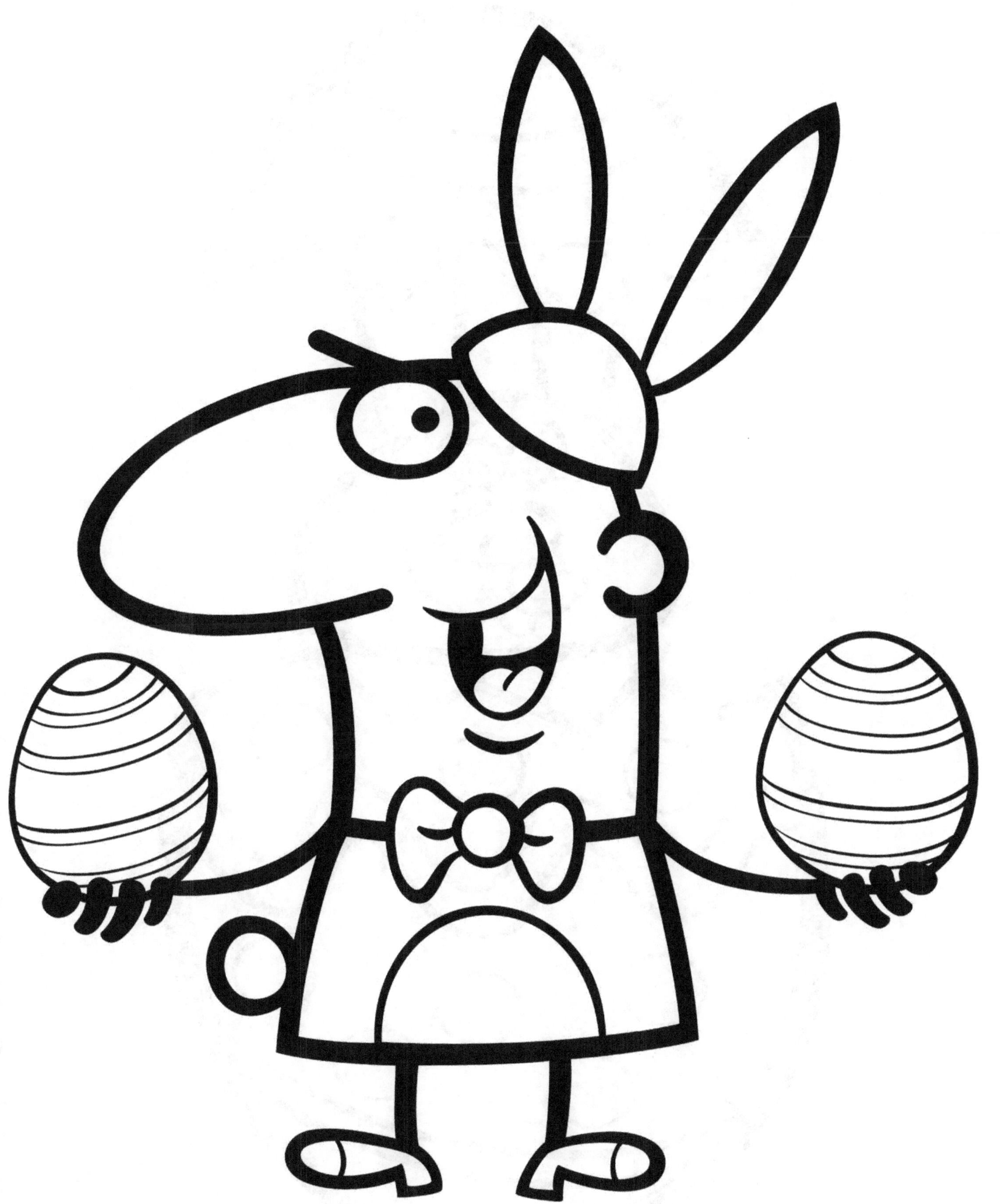

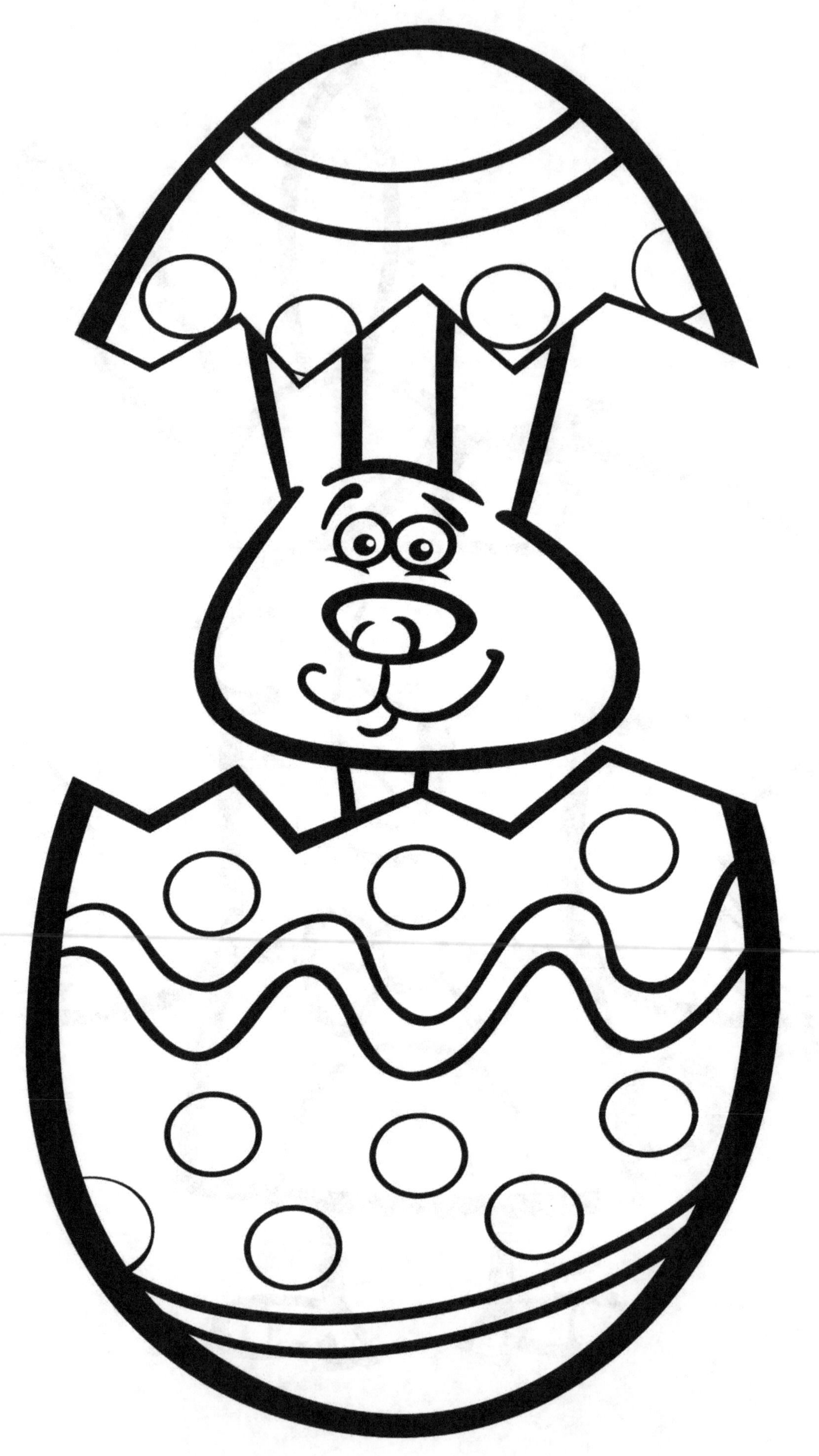

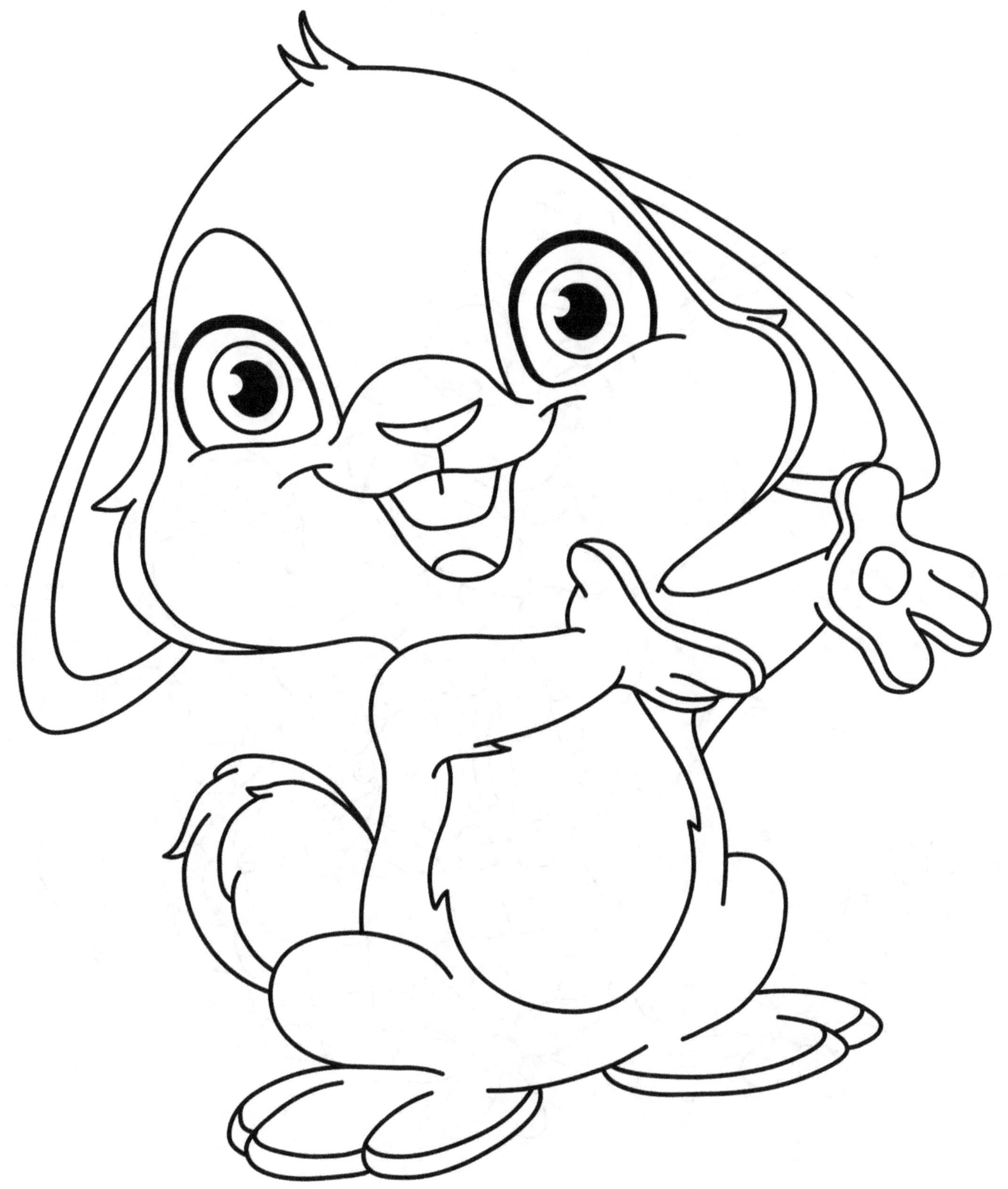

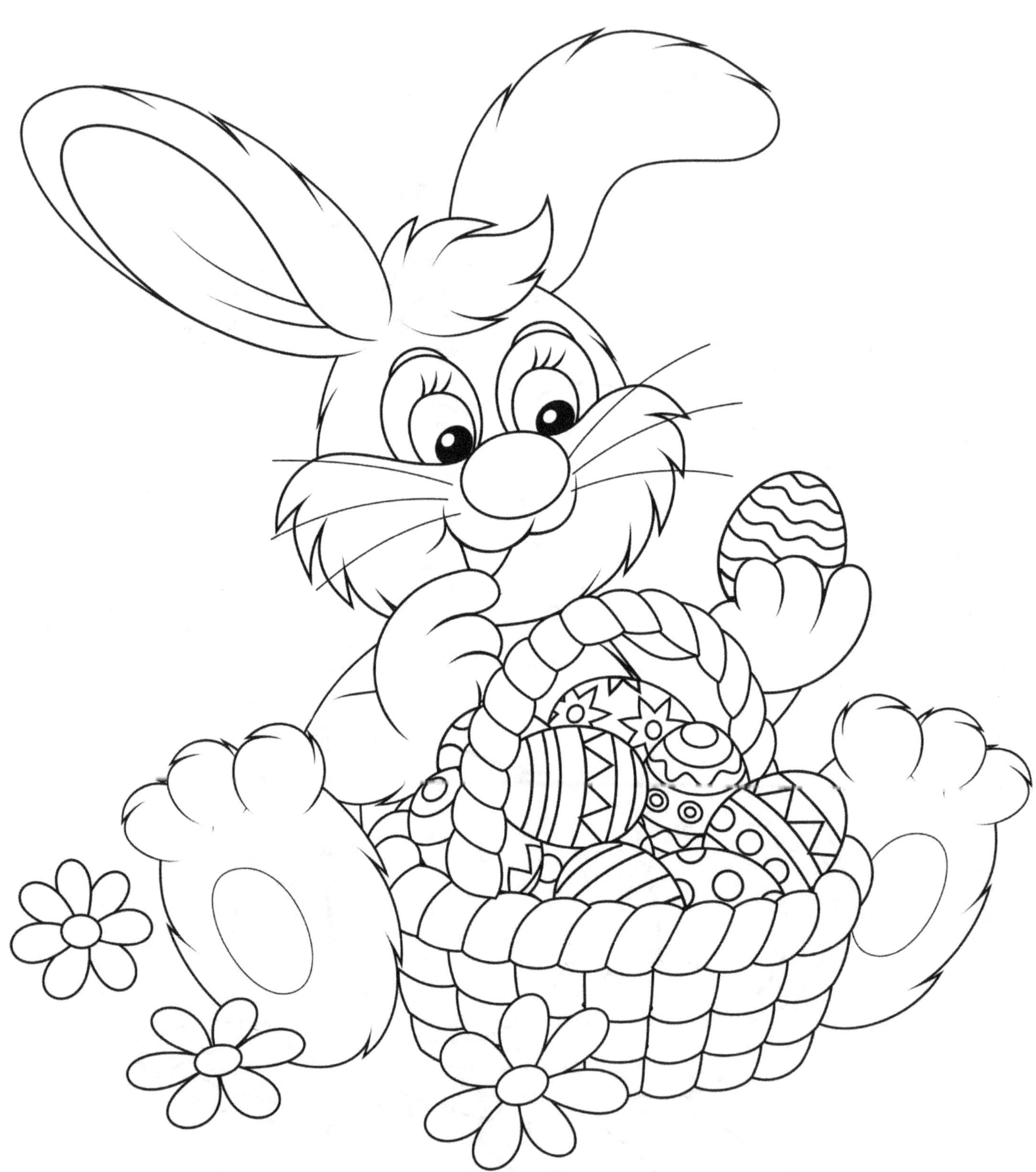

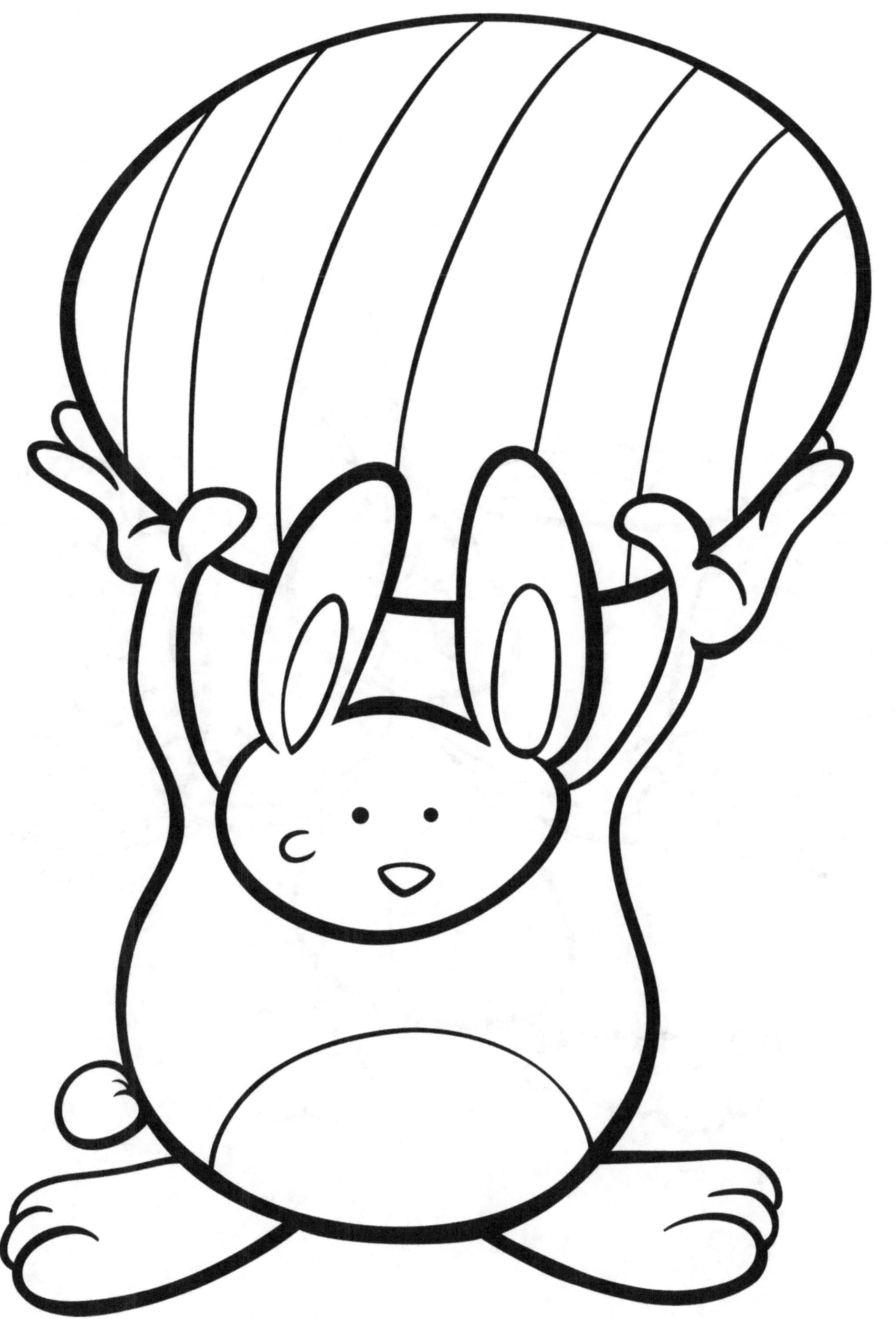

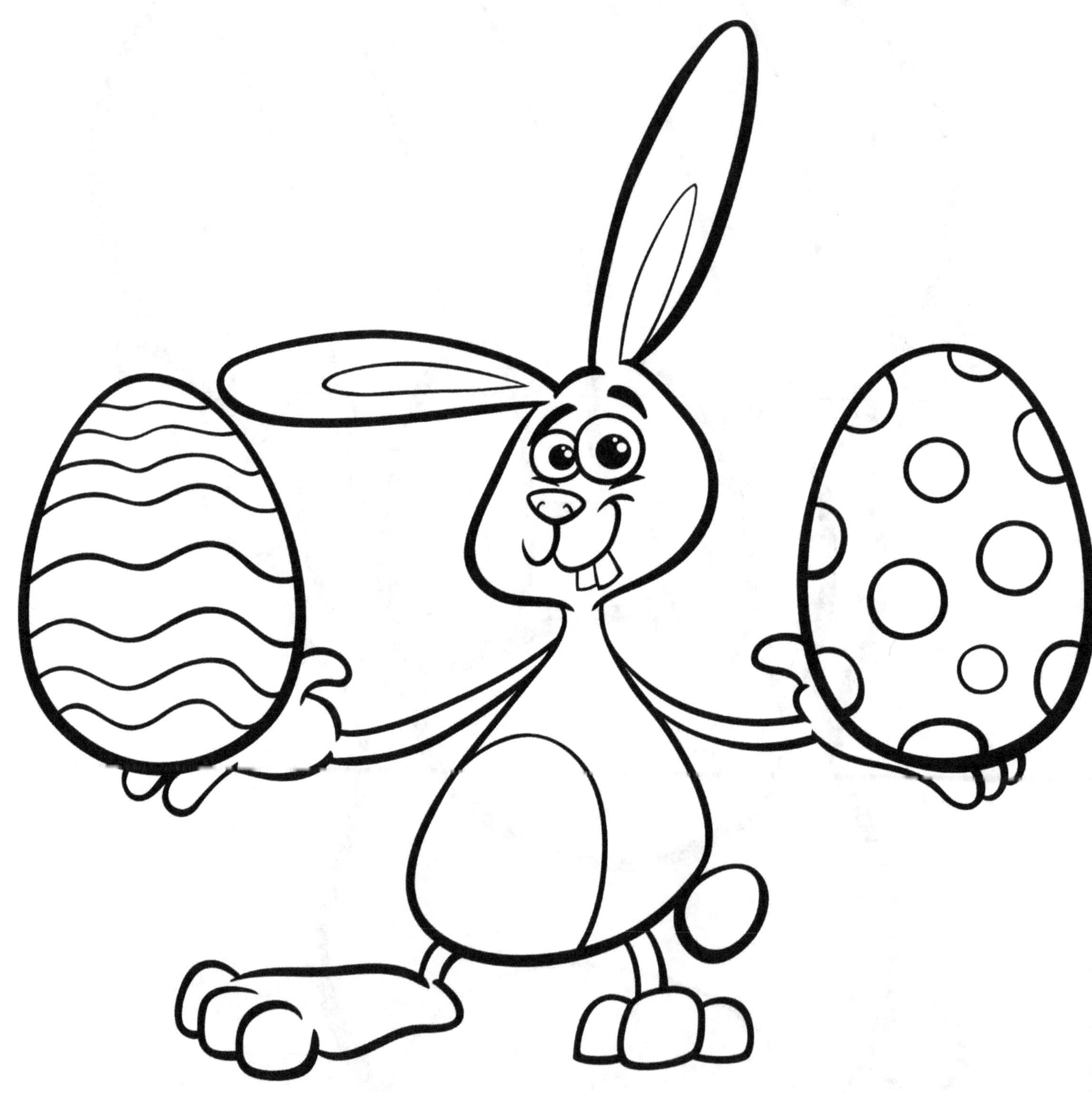

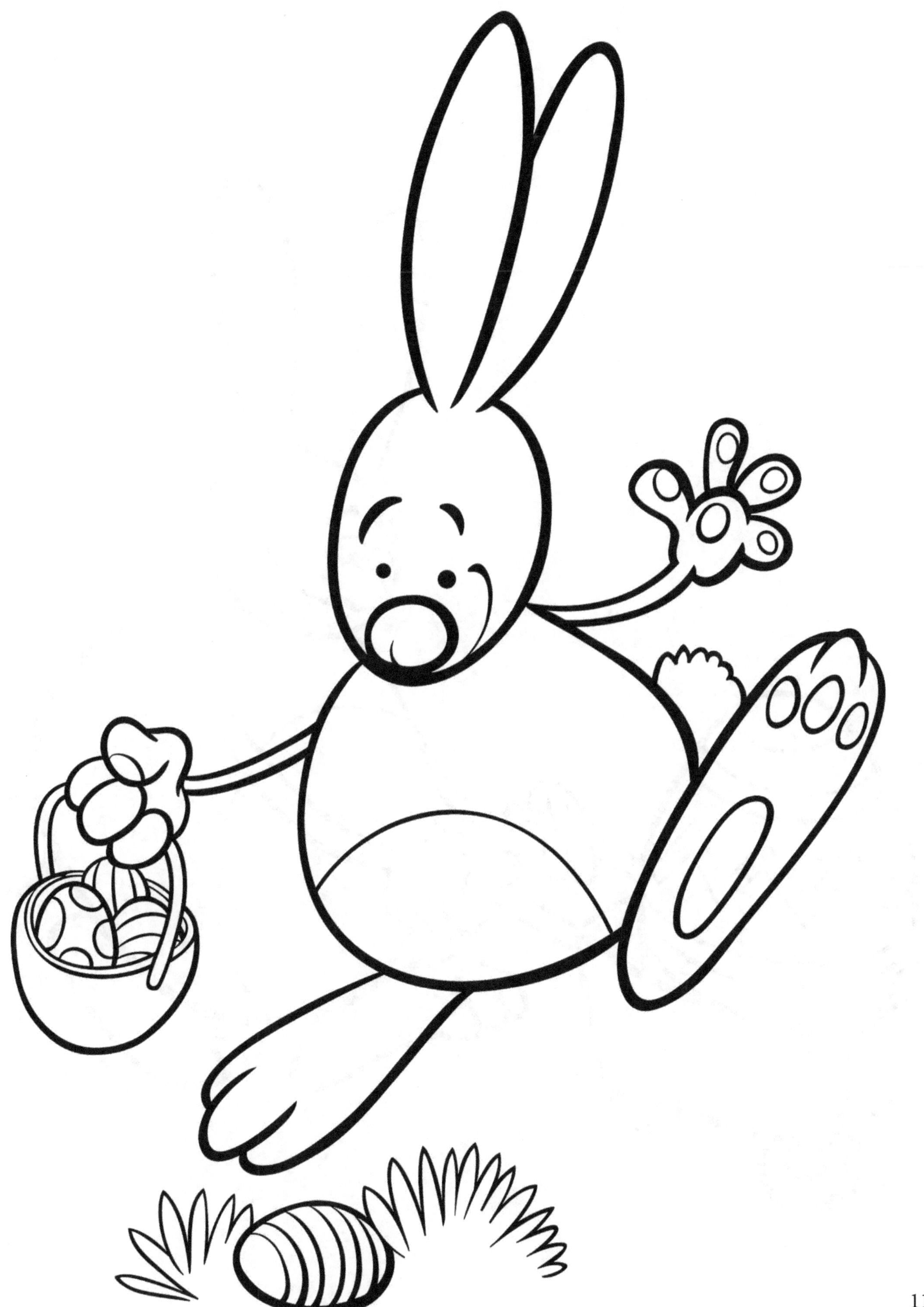

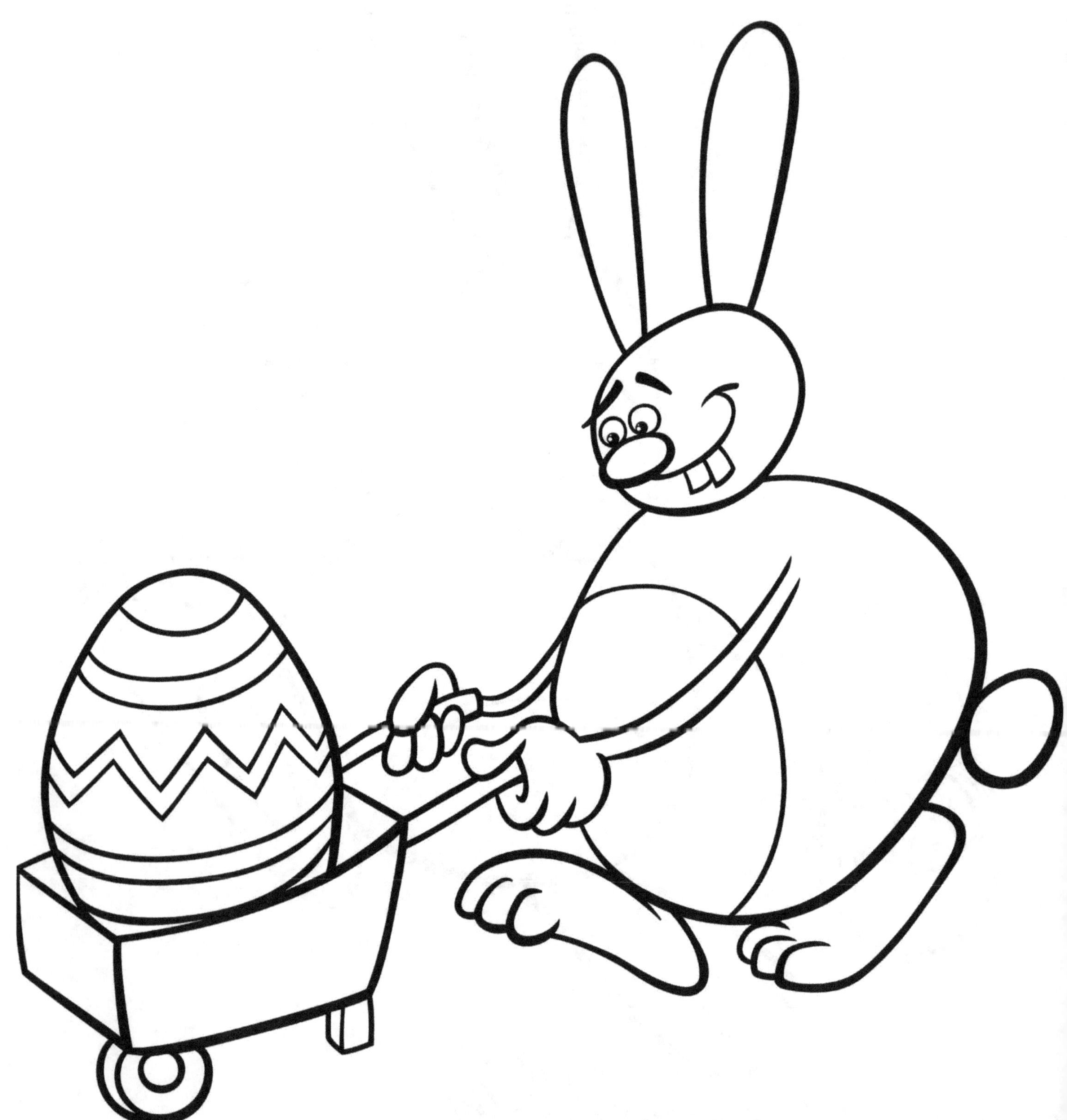

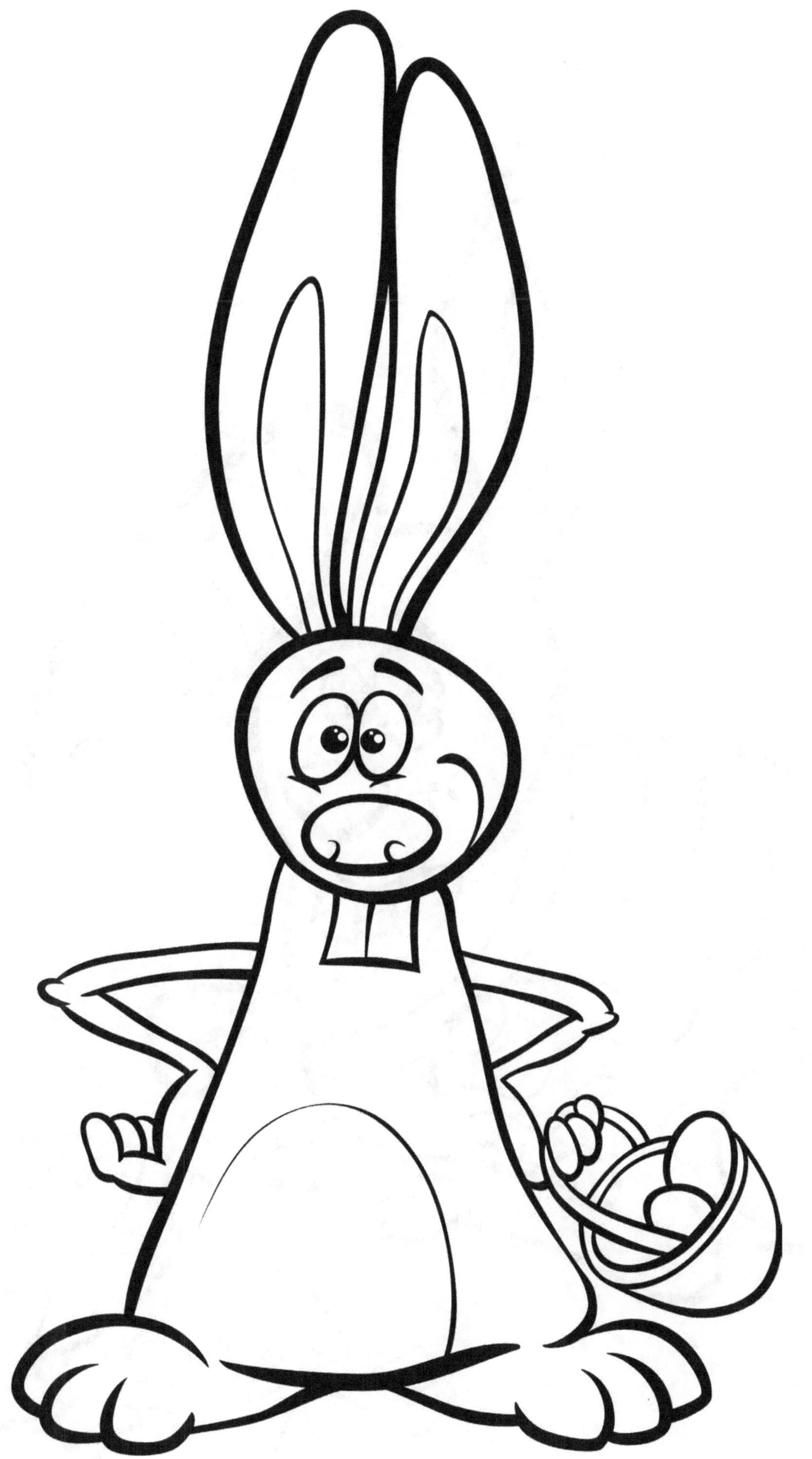

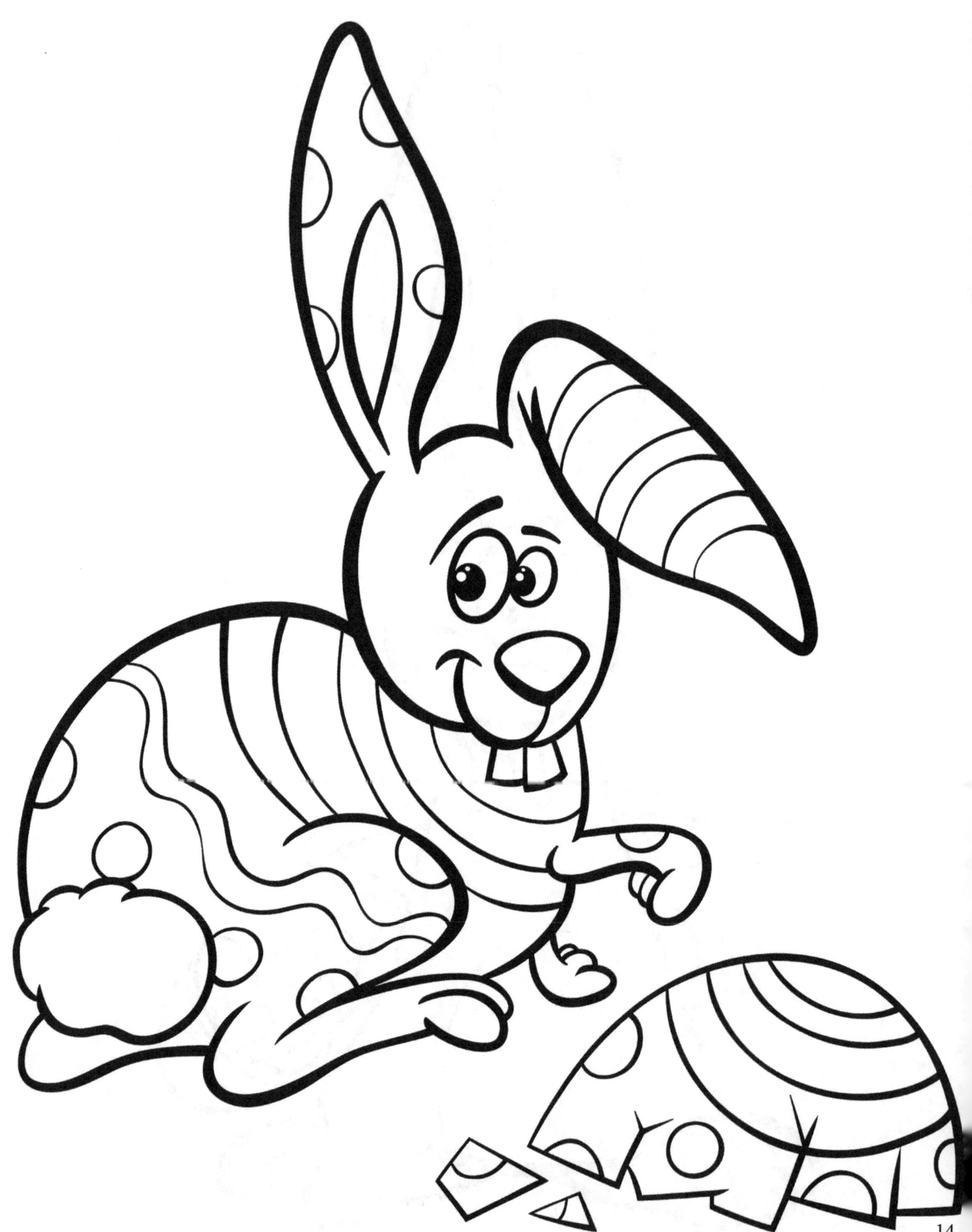

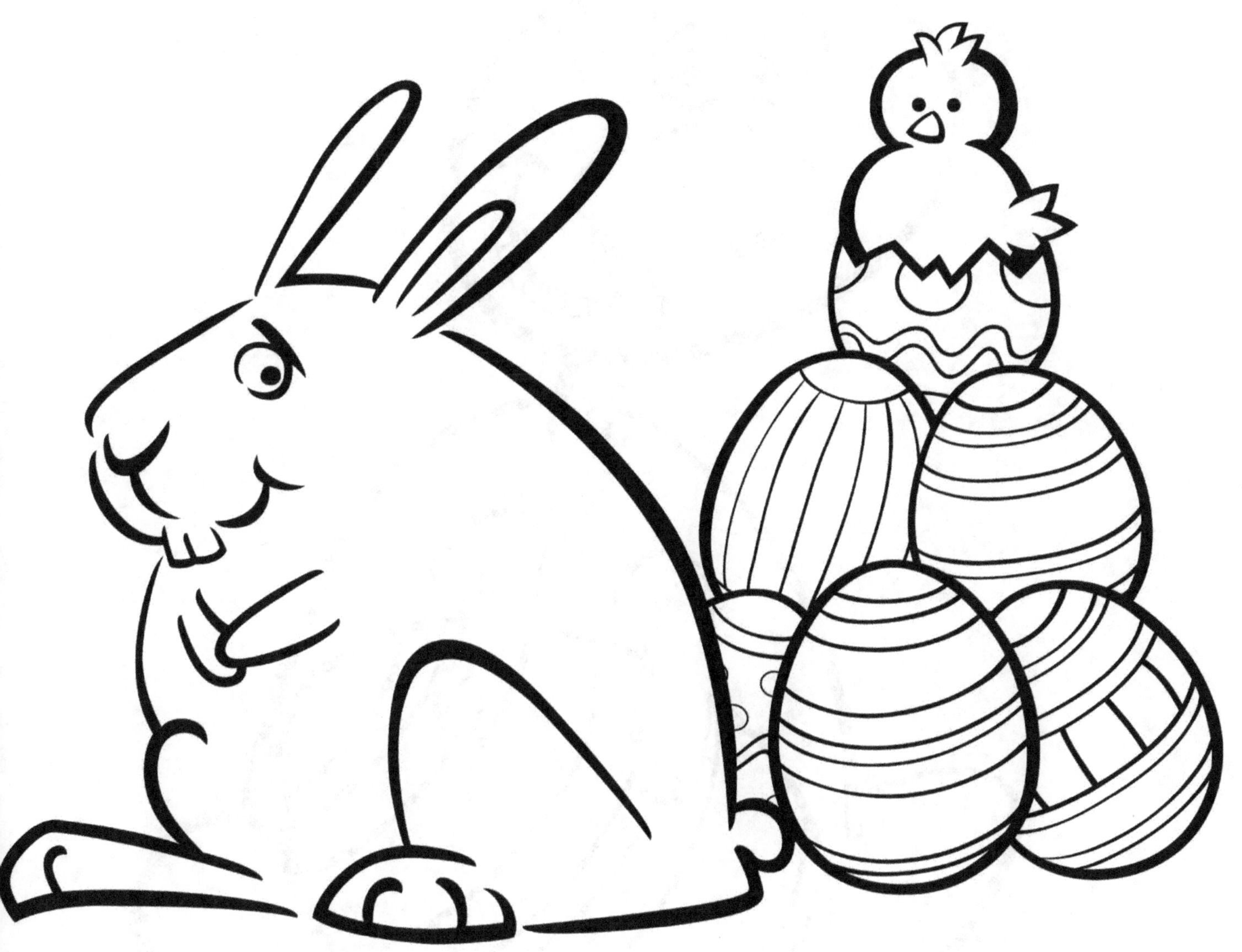

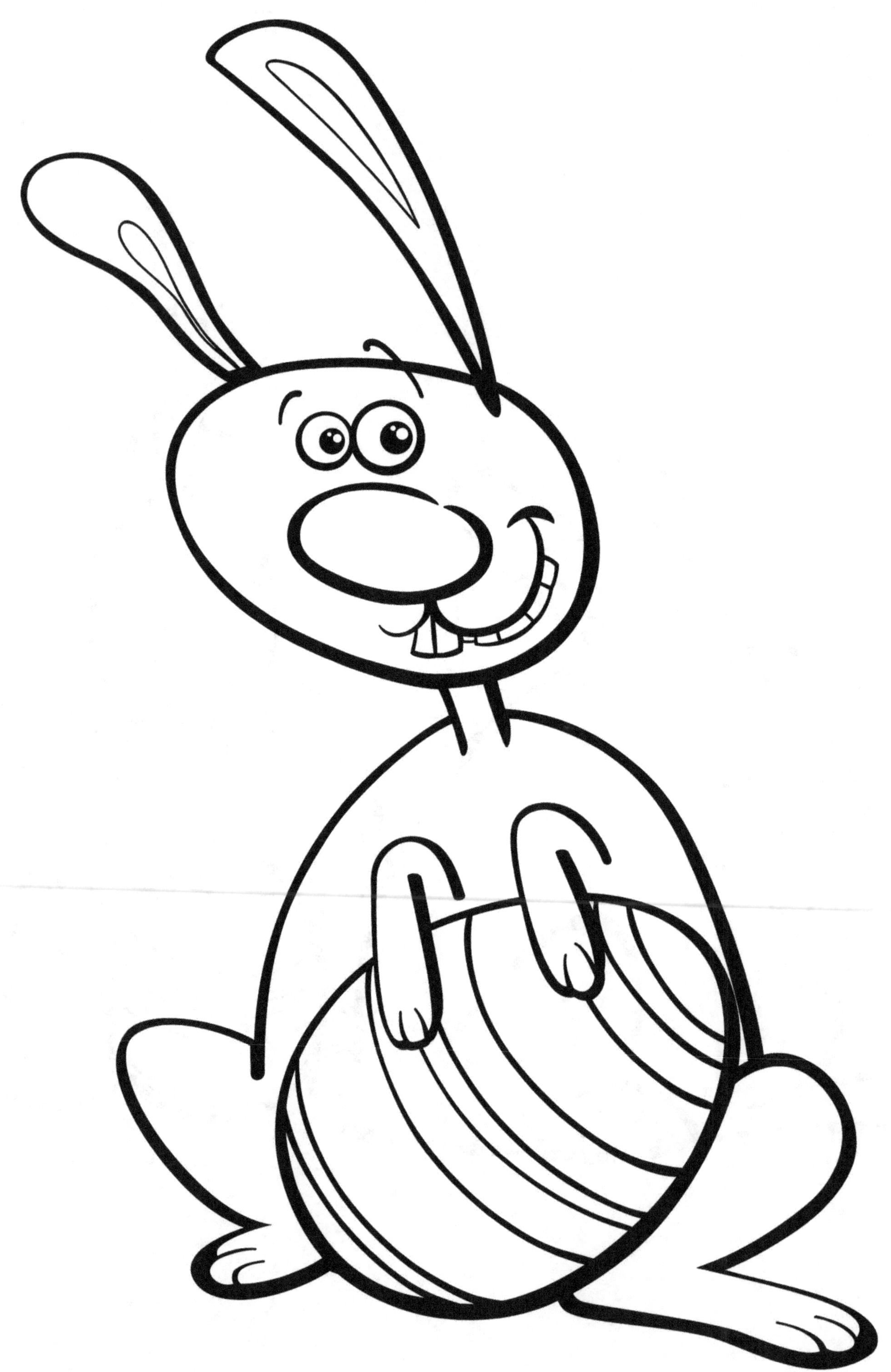

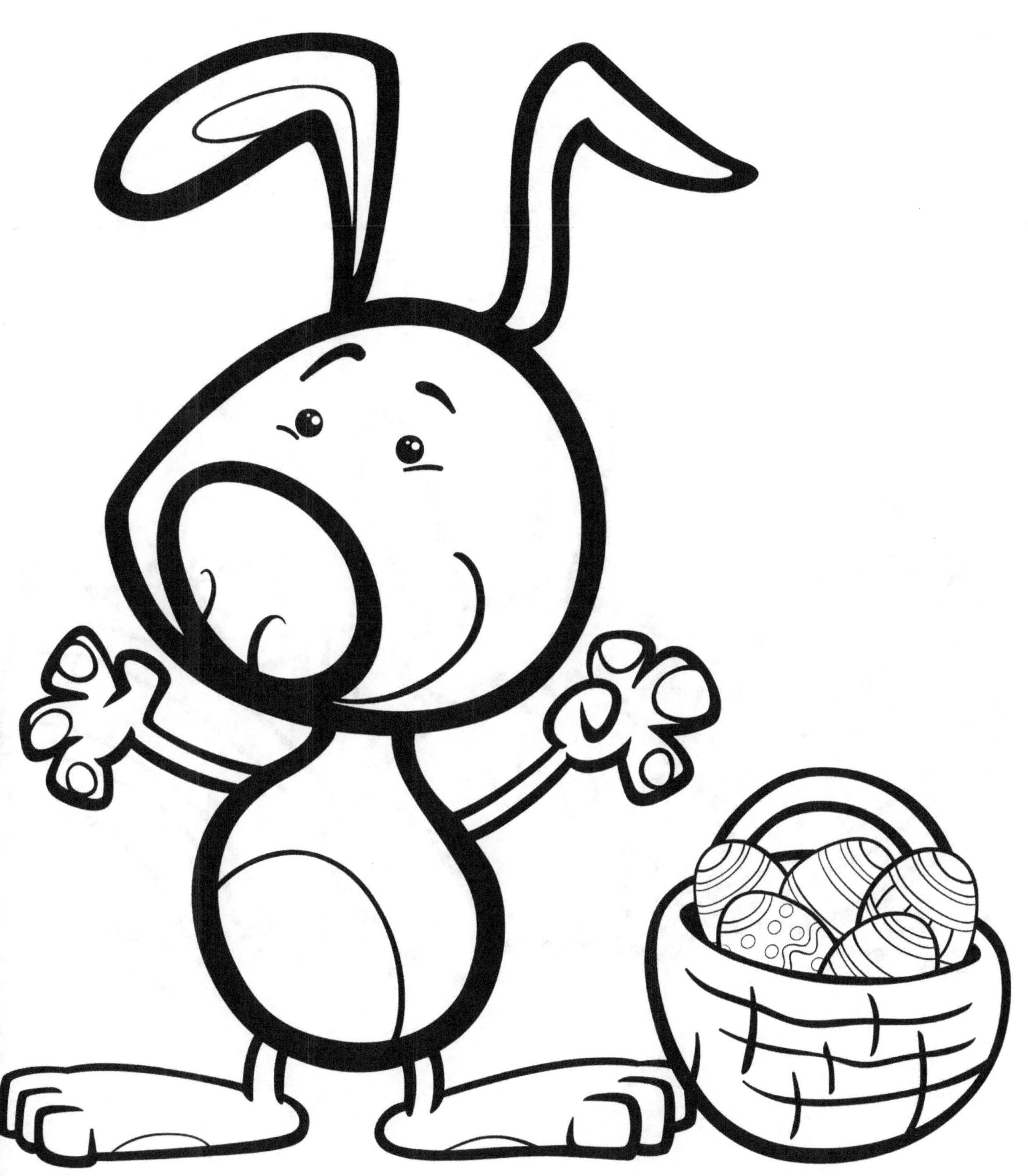

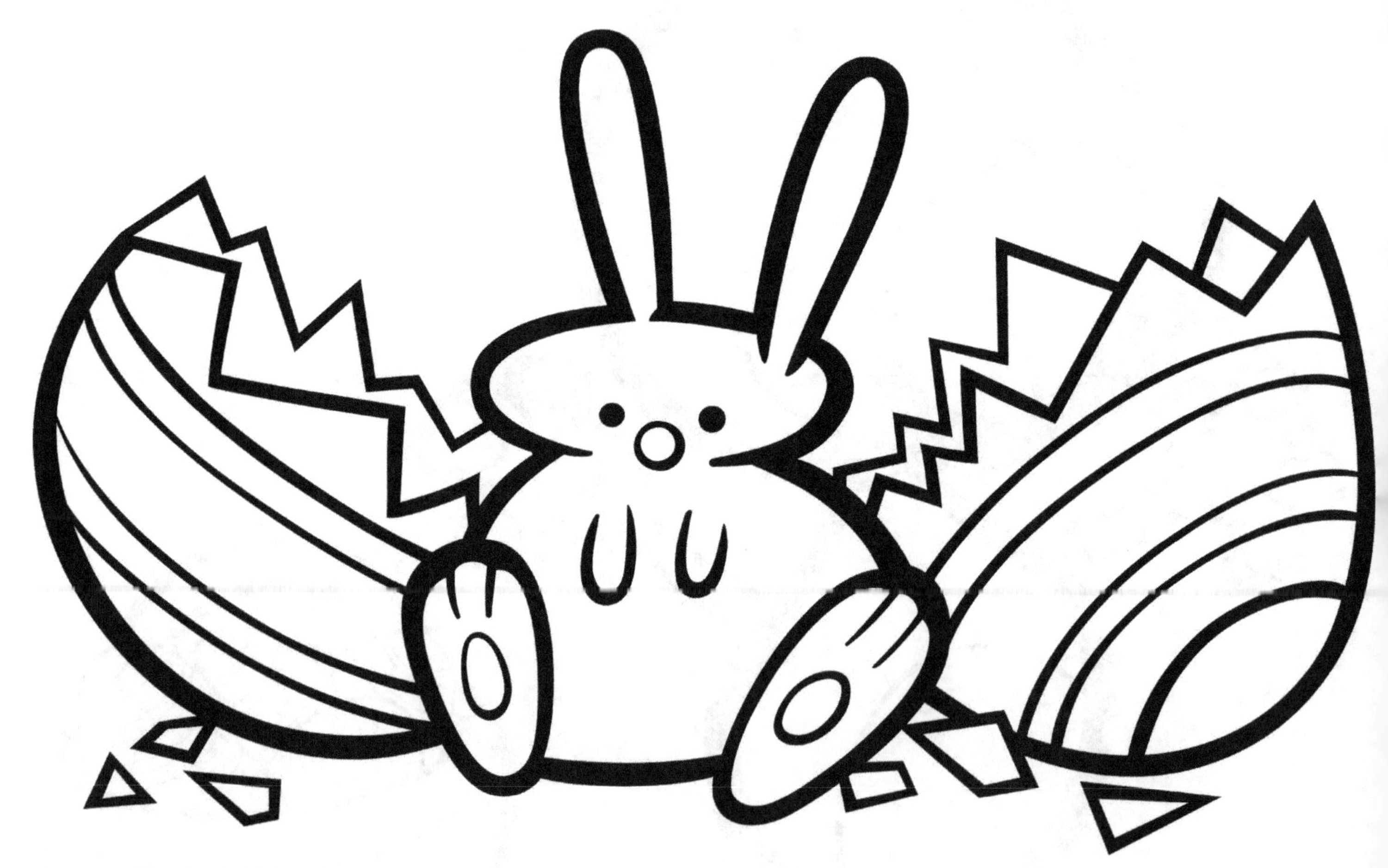

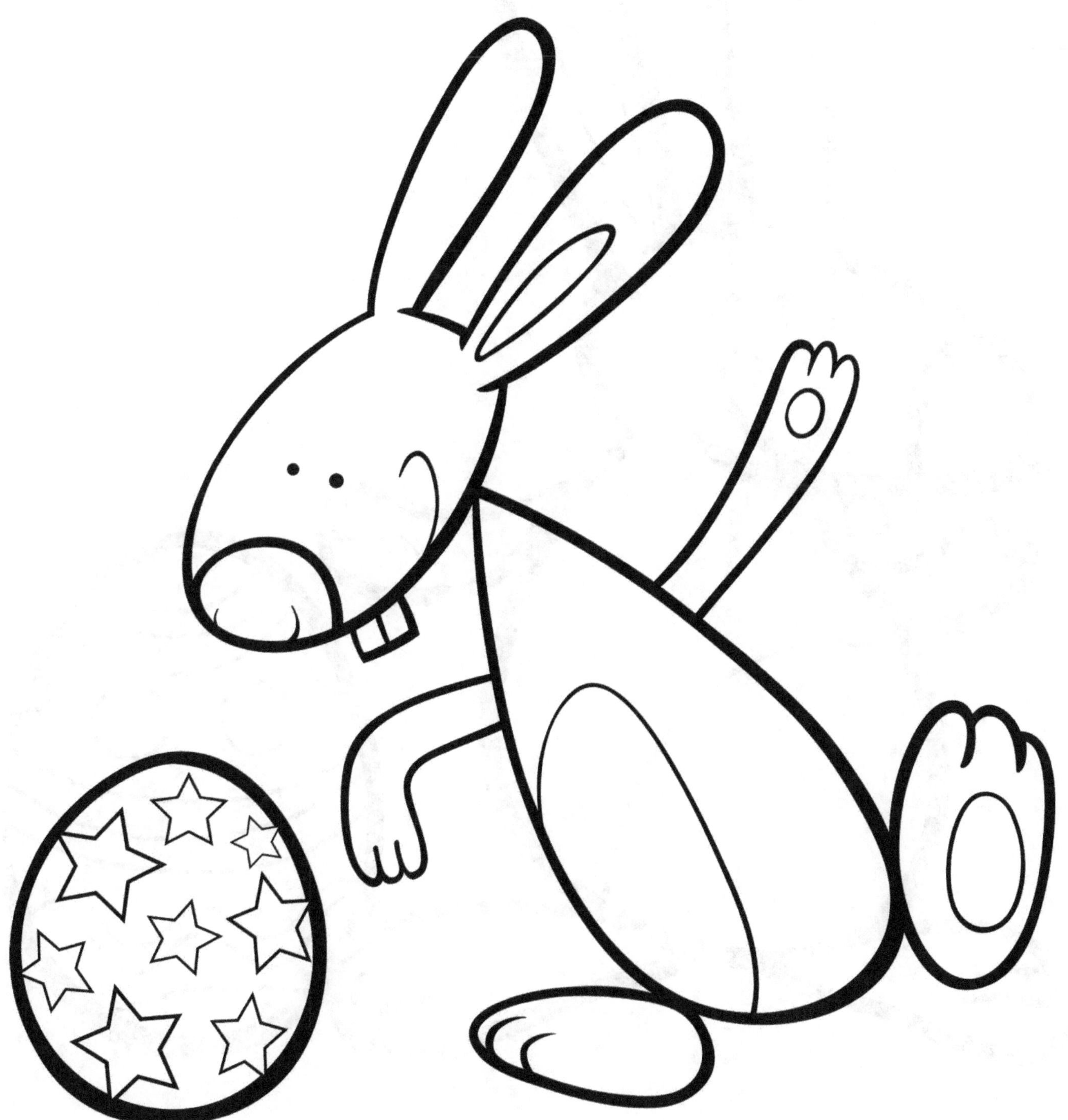

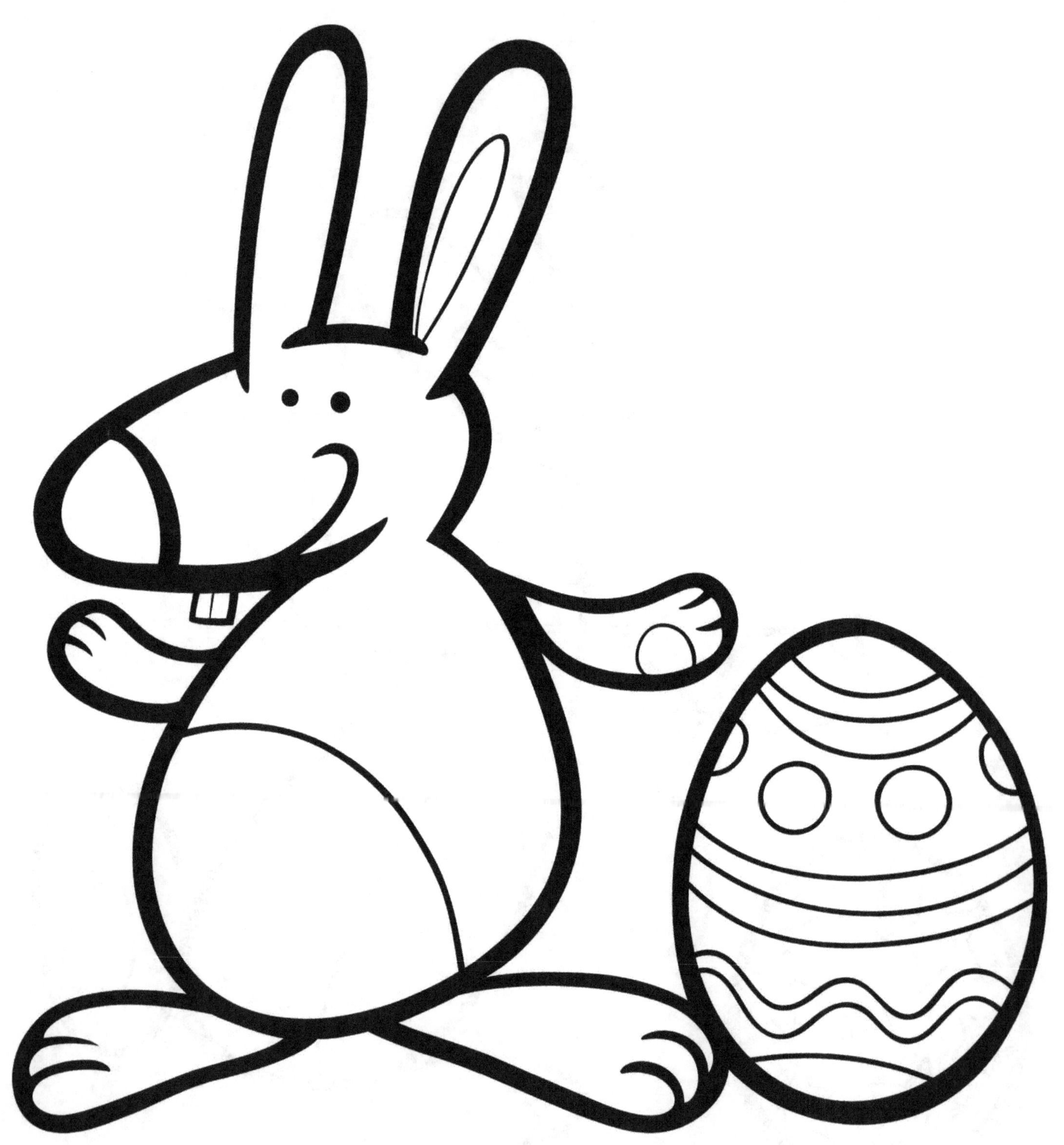

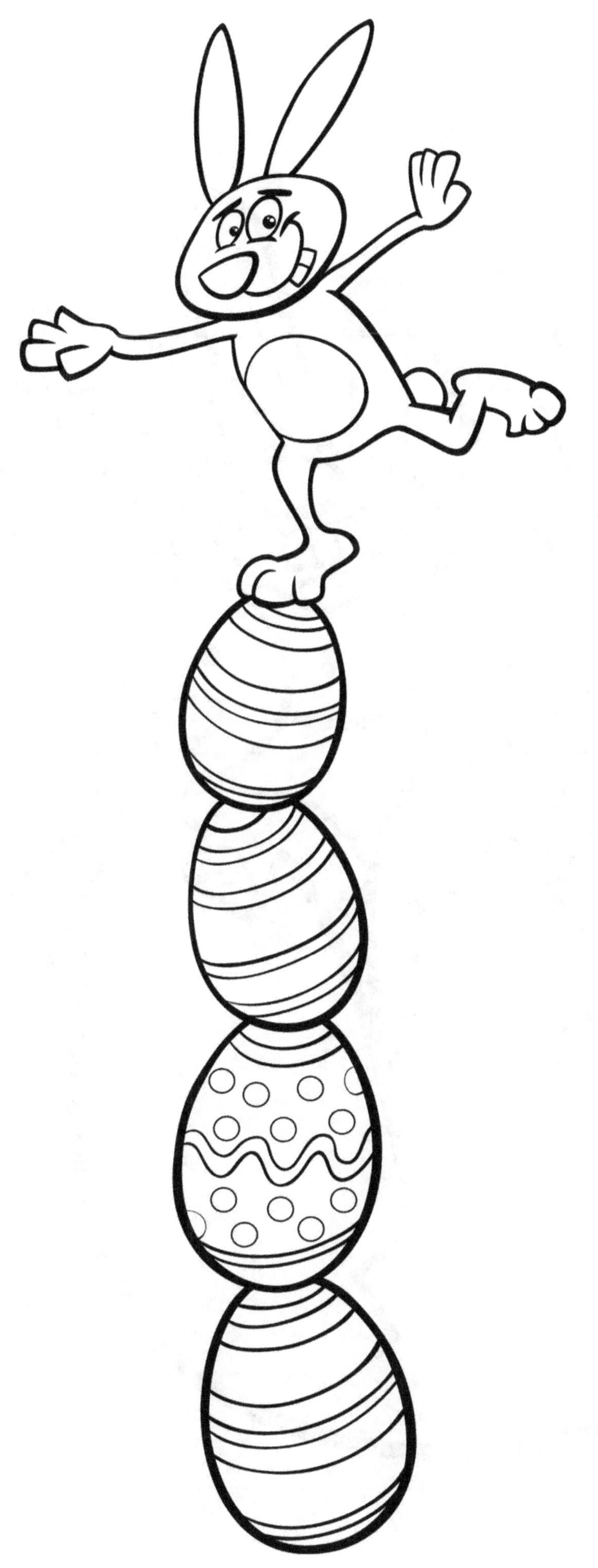

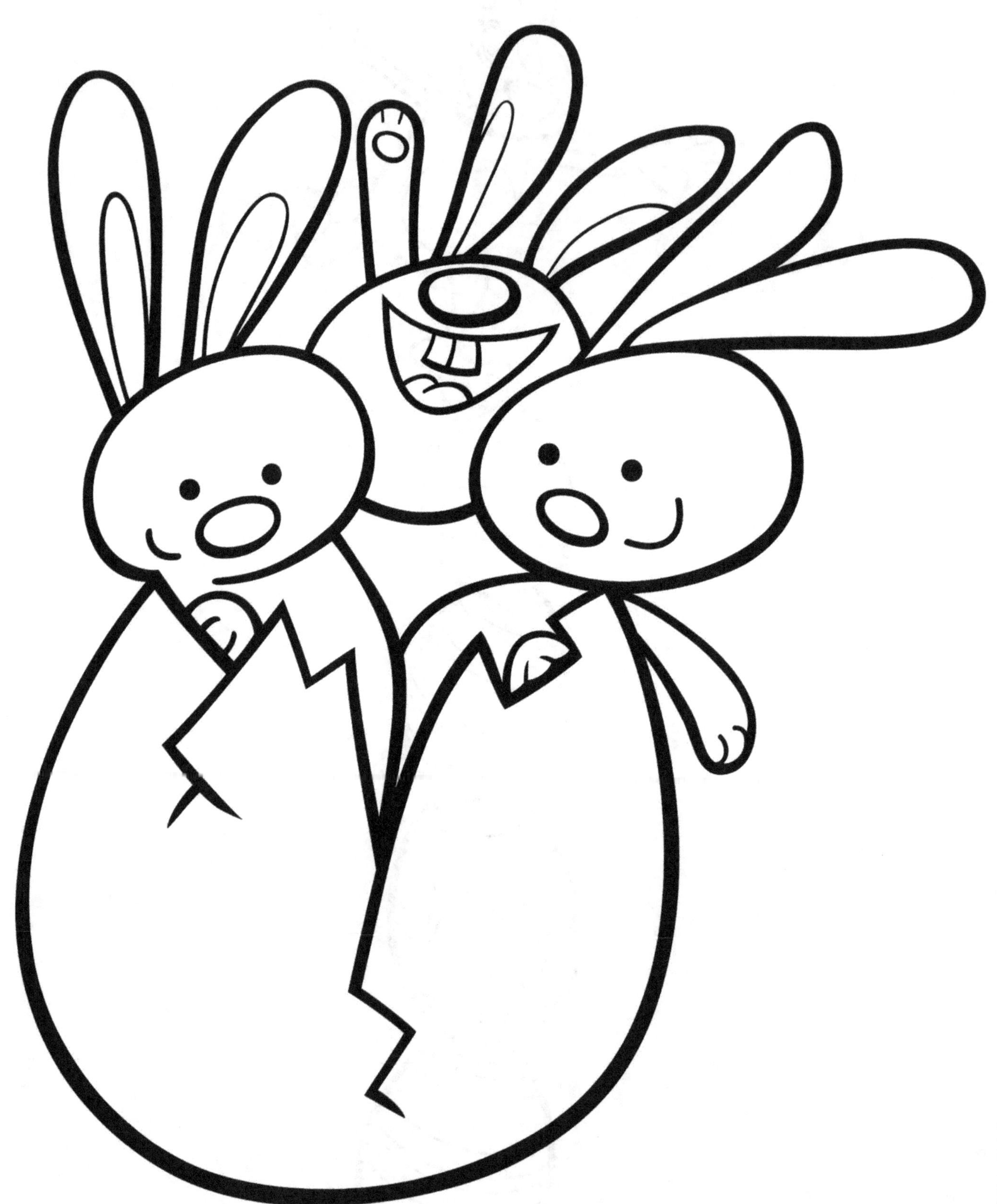

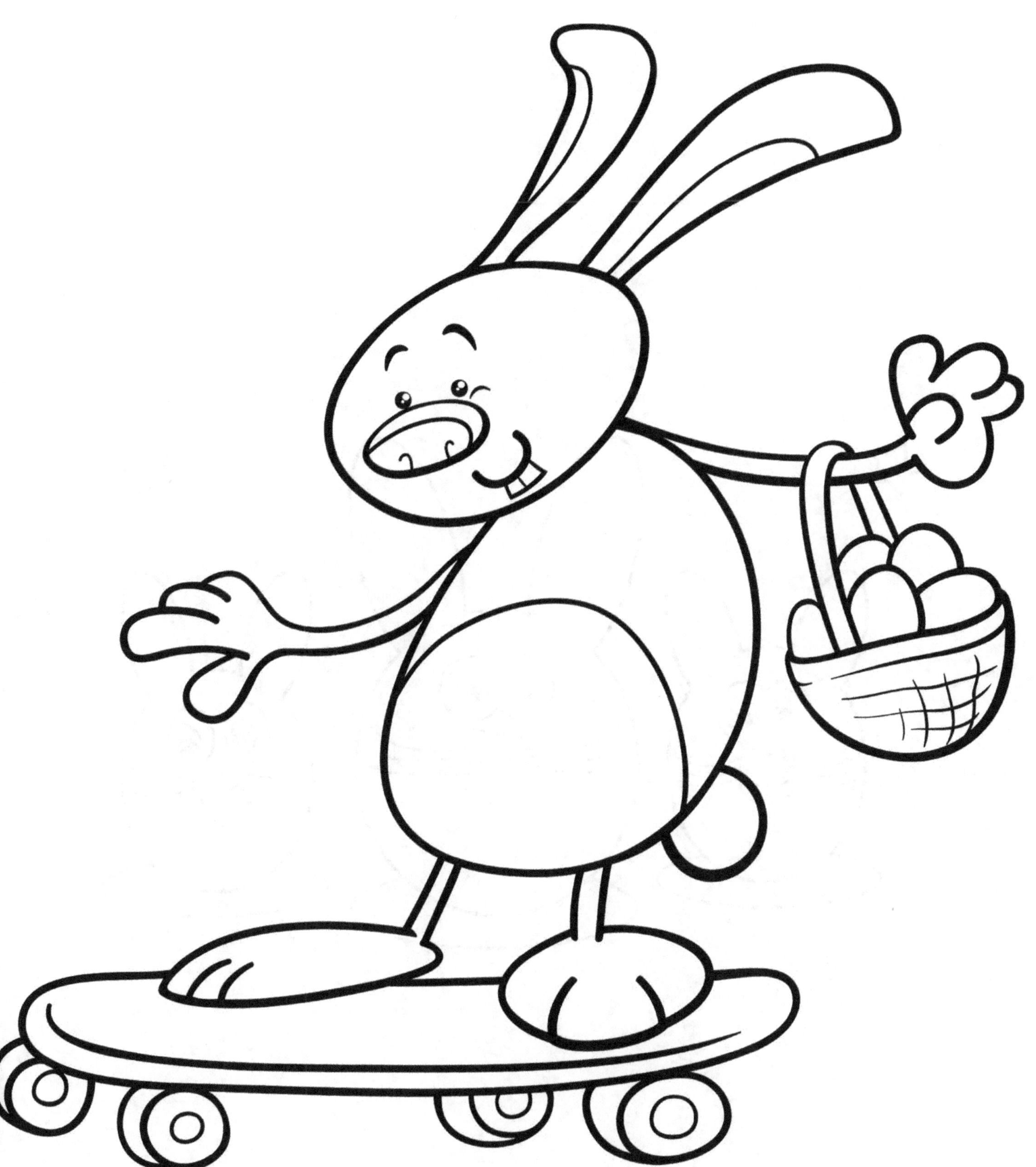

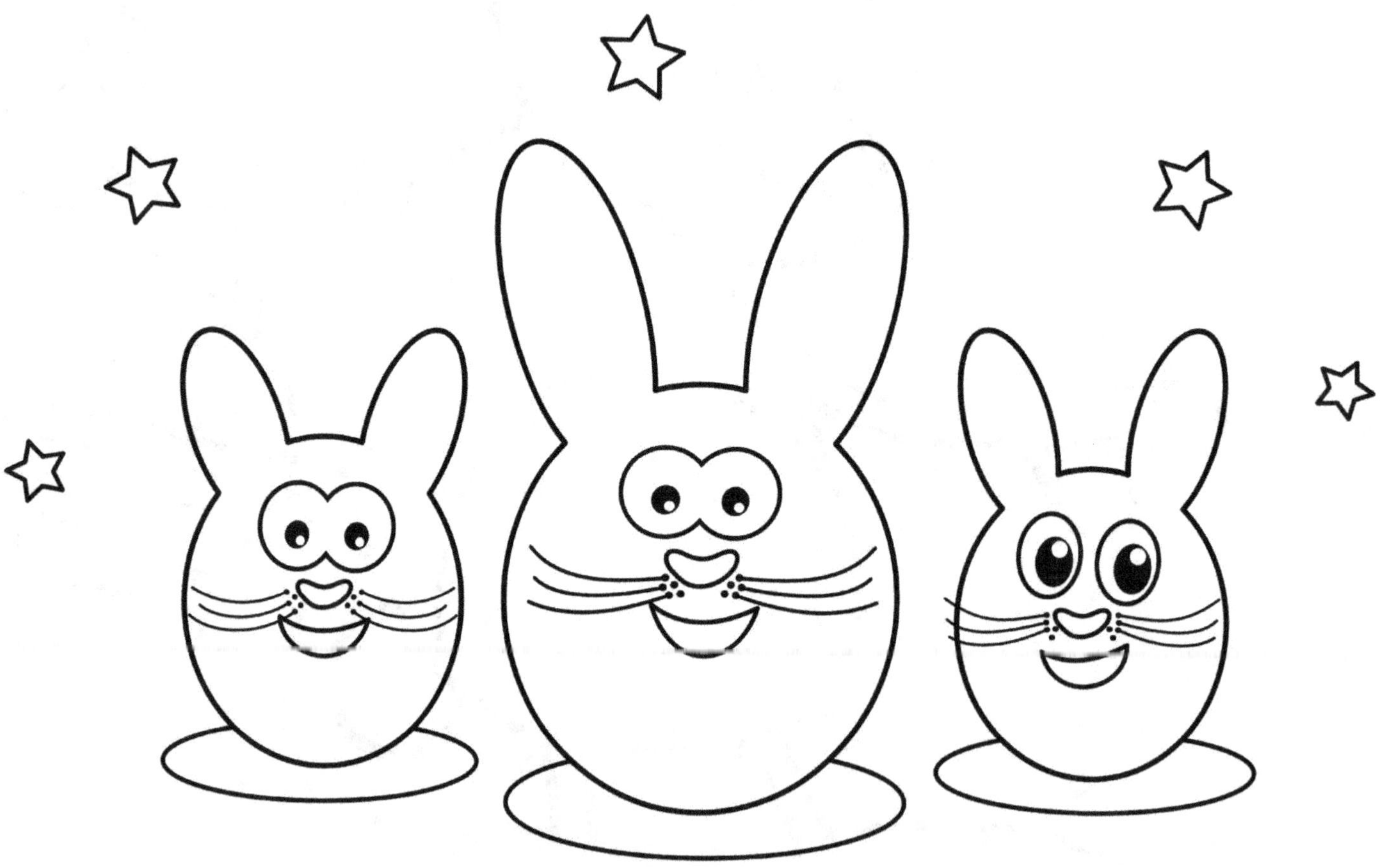

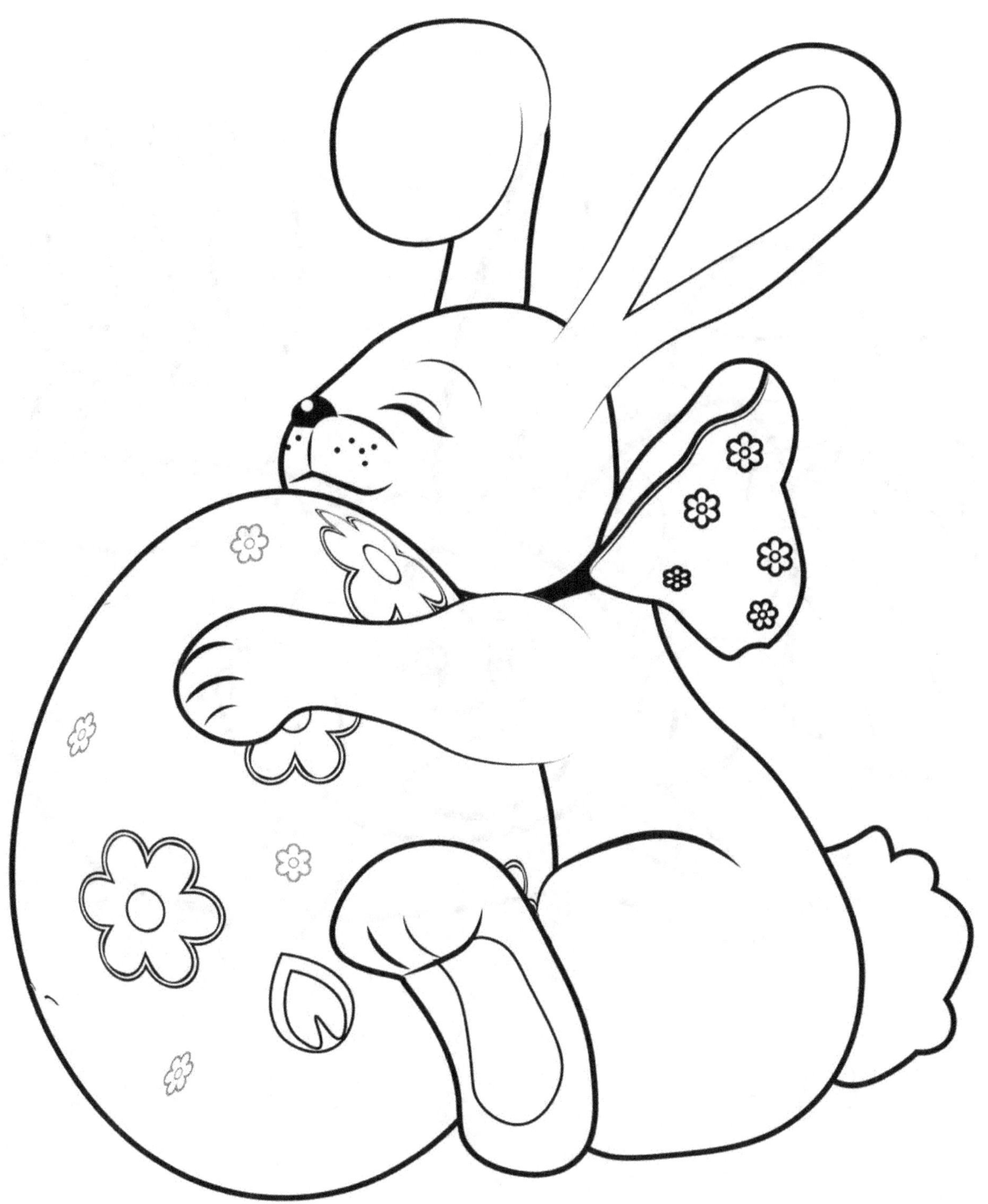

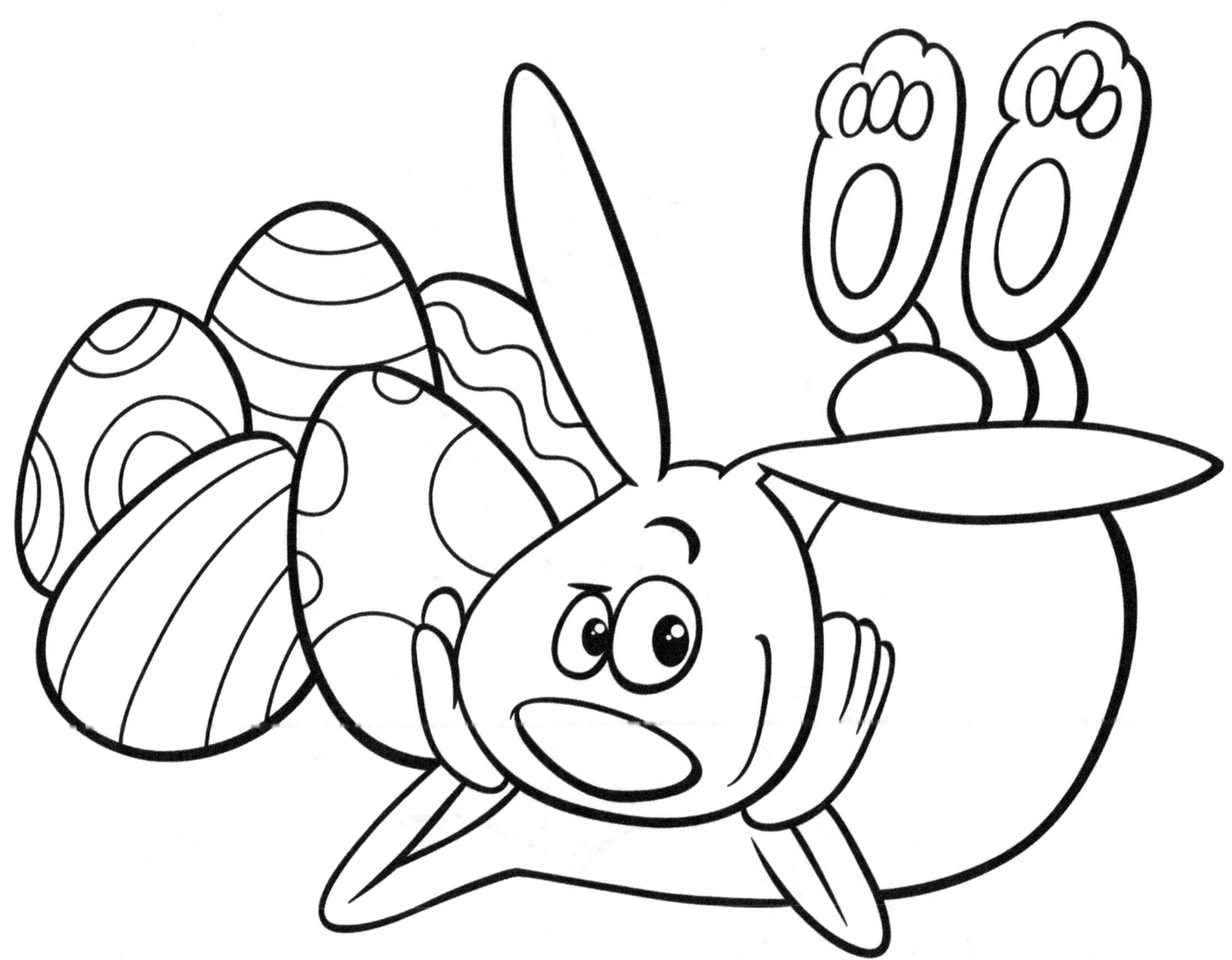

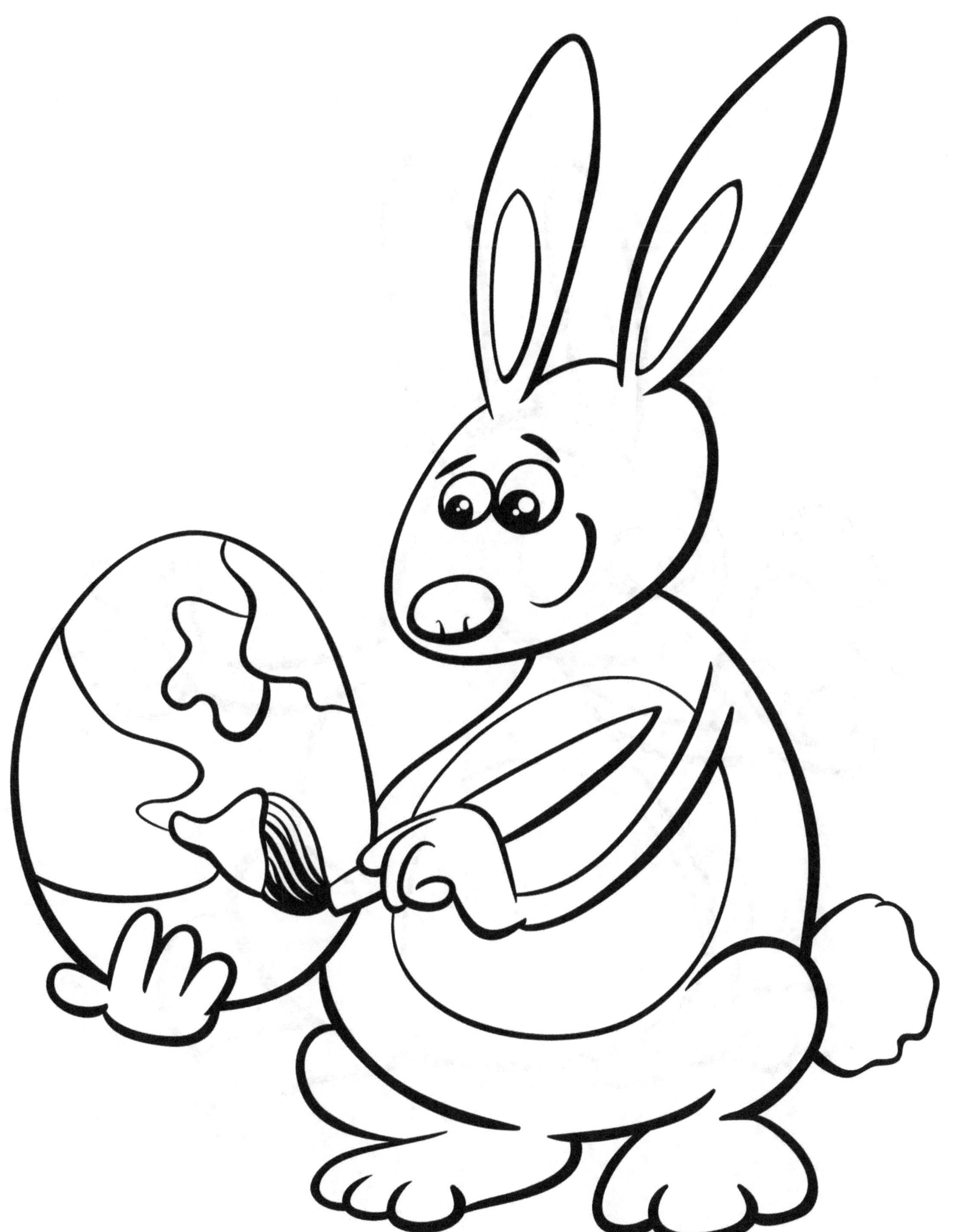

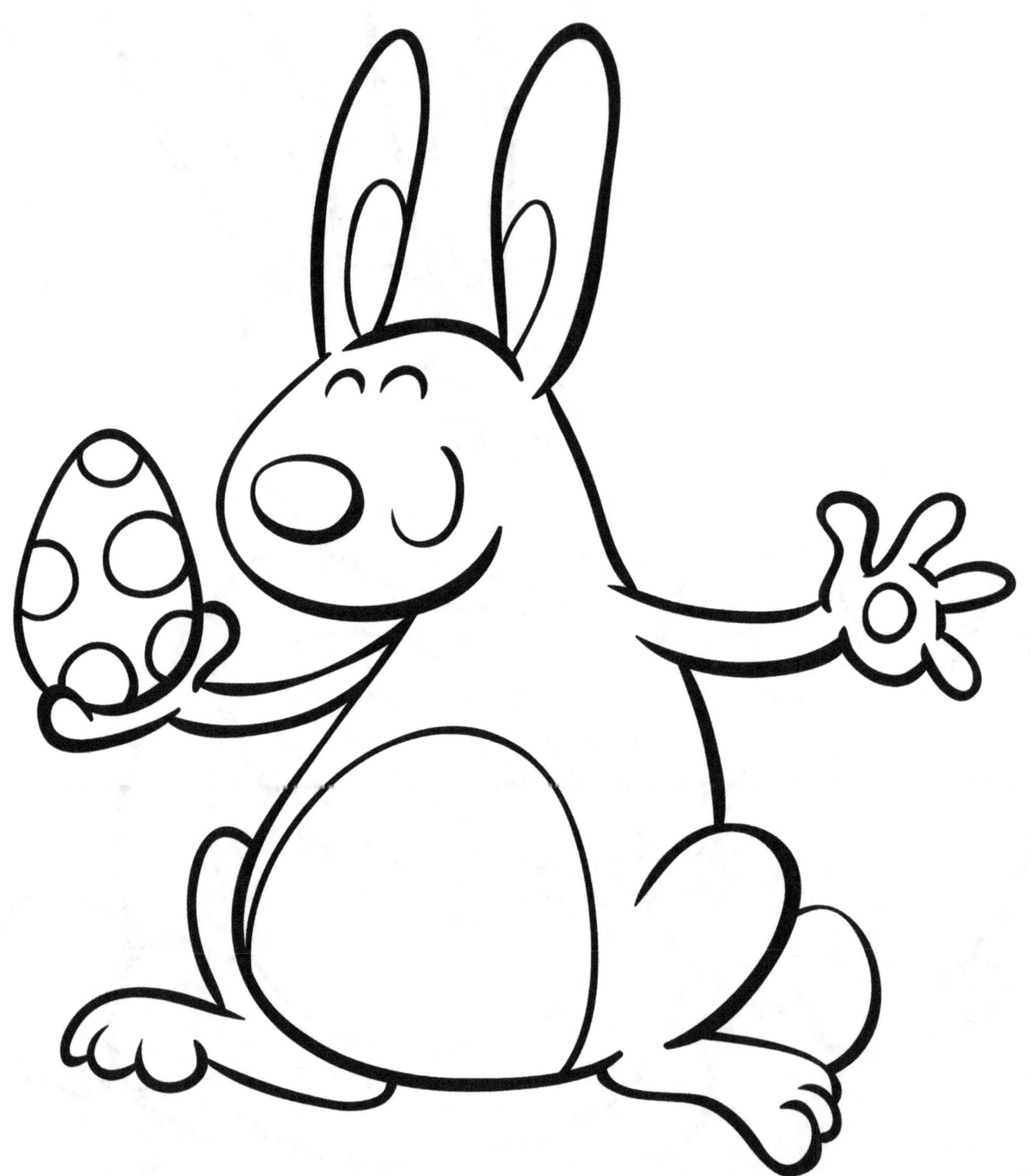

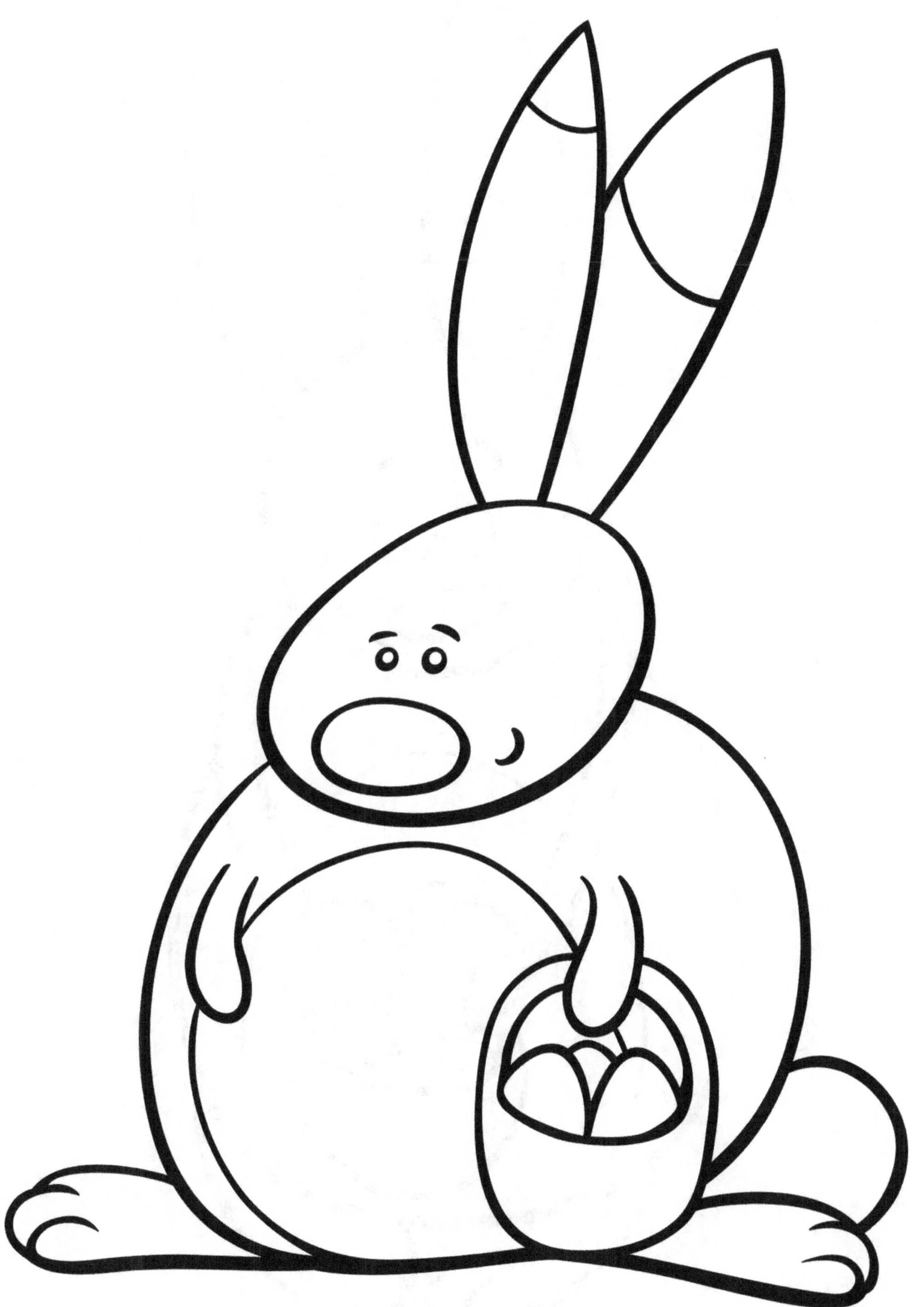

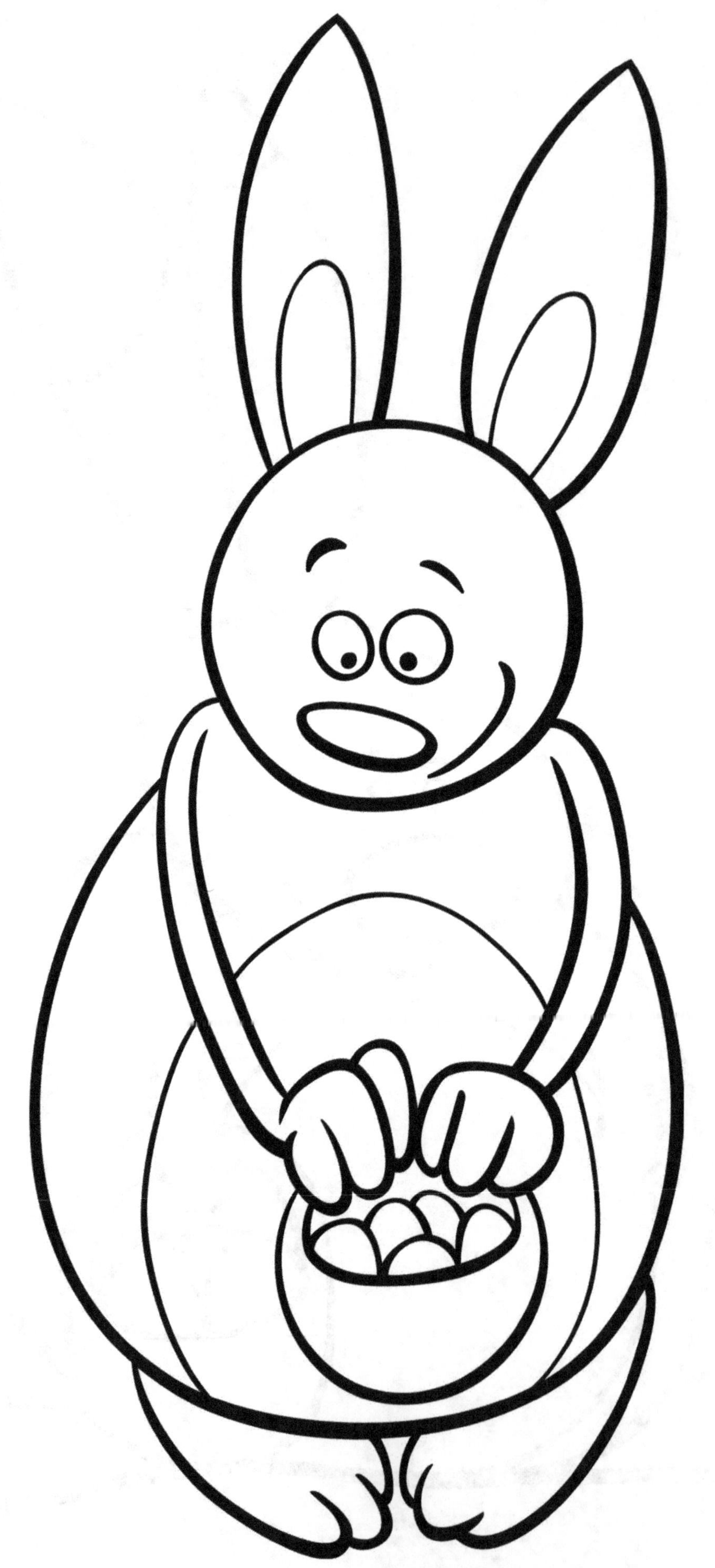

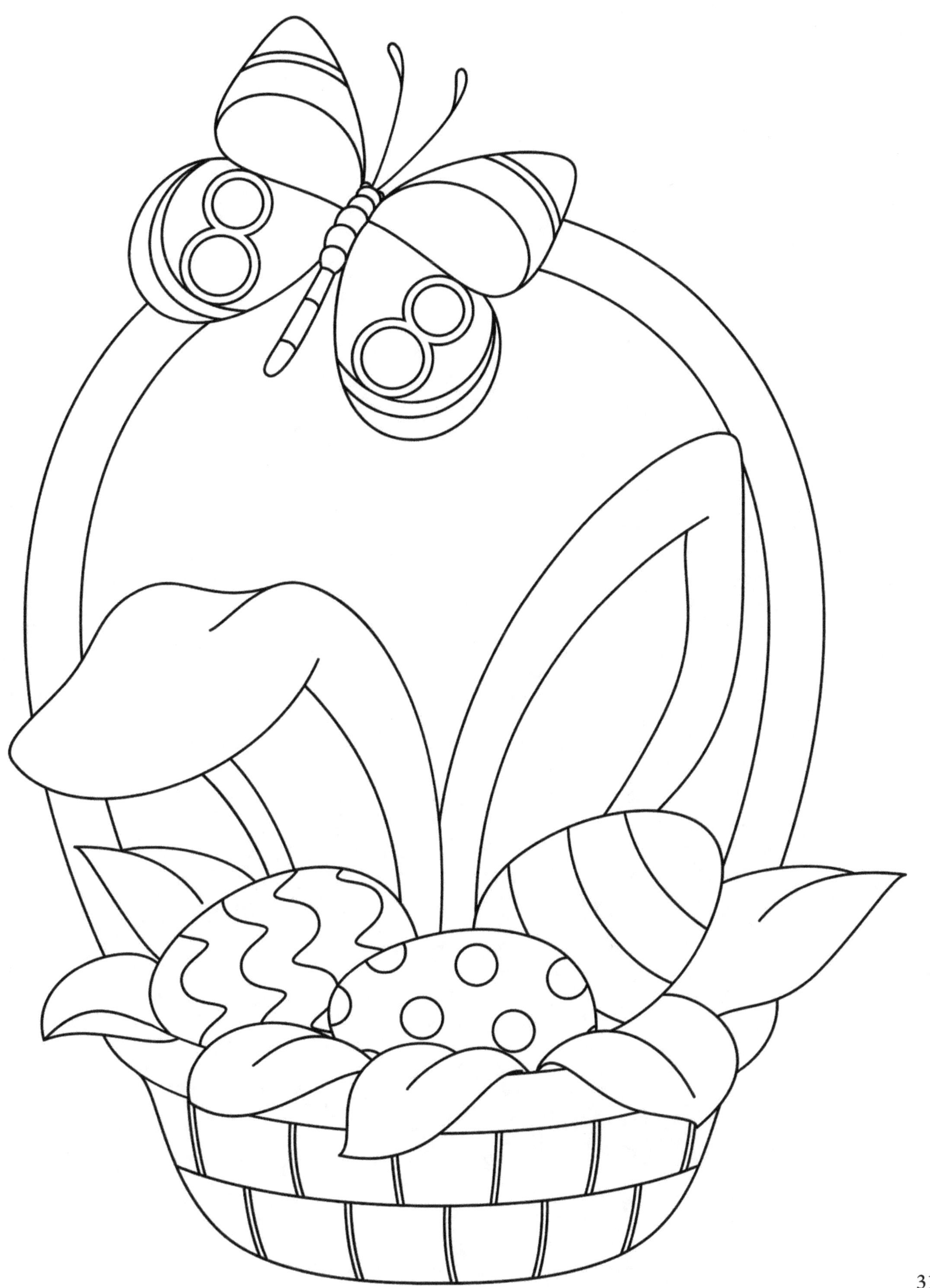